U0036223

哈伯瑪斯

Jürgen Habermas

曾慶豹／著

編輯委員：李英明　孟樊　陳學明

龍協濤　楊大春

出版緣起

　　二十世紀尤其是戰後，是西方思想界豐富多變的時期，標誌人類文明的進化發展，其對於我們應該具有相當程度的啓蒙作用；抓住當代西方思想的演變脈絡以及核心內容，應該是昂揚我們當代意識的重要工作。孟樊兄以及浙江大學楊大春敎授基於這樣的一種體認，決定企劃出一套「當代大師系列」。

　　從八○年代以來，台灣知識界相當努力地引介「近代」和「現代」的思想家，對於知識份子和一般民衆起了相當程度的啓蒙作用。

　　這套「當代大師系列」的企劃以及落實

出版，承繼了先前知識界的努力基礎，希望
能藉這一系列的入門性介紹書，再掀起知識
啓蒙的熱潮。

孟樊兄與楊大春敎授在一股知識熱忱的
驅動下，花了不少時間，熱忱謹愼地挑選當
代思想家，排列了出版的先後順序，並且很
快獲得生智文化事業公司葉忠賢先生的支
持；因而能夠順利出版此系列叢書。

本系列叢書的作者網羅有兩岸學者專家
以及海內外華人，爲華人學界的合作樹立了
典範。

此一系列書的企劃編輯原則如下：

1. 每書字數大約在七、八萬字左右，對
   每位思想家的思想進行有系統、分章
   節的評介。字數的限定主要是因爲這
   套書是介紹性質的書，而且爲了讓讀
   者能方便攜帶閱讀，提昇我們社會的
   閱讀氣氛水準。
2. 這套書名爲「當代大師系列」，其中

　　所謂「大師」是指開創一代學派或具
有承先啓後歷史意涵的思想家，以及
思想理論具有相當獨特性且自成一格
者。對於這些思想家的理論思想介
紹，除了要符合其內在邏輯機制之
外，更要透過我們的文字語言，化解
語言和思考模式的隔閡，爲我們的意
識結構注入新的因素。

3. 這套書之所以限定在「當代」重要的
思想家，主要是從八〇年代以來，台
灣知識界已對近現代的思想家，如韋
伯、尼采和馬克思等先後都有專書討
論。而在限定「當代」範疇的同時，
我們基本上是先挑台灣未做過的或做
的不是很完整的思想家，作爲我們優
先撰稿出版的對象。

　　另外，本系列書的企劃編輯群，除了包
括上述的孟樊先生、楊大春教授外，尚包括
筆者本人、陳學明教授和龍協濤教授等五位

先生。其中孟樊先生向來對文化學術有相當
熱忱的關懷，並且具有非常豐富的文化出版
經驗以及學術功力，著有《台灣文學輕批
評》（揚智文化公司出版）、《當代台灣新
詩理論》（揚智文化公司出版）、《大法官
會議研究》等著作；楊大春教授是浙江杭州
大學哲學博士，目前任教於浙大，專長西方
當代哲學，著有《解構理論》（揚智文化公
司出版）、《德希達》（生智文化事業出
版）、《後結構主義》（揚智文化公司出
版）等書；筆者本人目前任教於政大東亞
所，著有《馬克思社會衝突論》、《晚期馬
克思主義》（揚智文化公司出版）、《中國
大陸學》（揚智文化公司出版）、《中共研
究方法論》（揚智文化公司出版）等書；陳
學明是復旦大學哲學系教授、中國國外馬克
思主義研究會副會長，著有《現代資本主義
的命運》、《哈貝馬斯「晚期資本主義論」
述評》、《性革命》（揚智文化公司出
版）、《新左派》（揚智文化公司出版）等

書；龍協濤教授現任北大學報編審及主任，並任北大中文系教授，專長比較文學及接受美學理論。

　這套書的問世最重要的還是因為獲得生智文化事業公司總經理葉忠賢先生的支持，我們非常感謝他對思想啟蒙工作所作出的貢獻。還望社會各界惠予批評指正。

李英明

序於台北

序言

尤根‧哈伯瑪斯（Jürgen Habermas, 1929—）的社會批判理論是戰後德國新型的思想代表，他繼承並轉化了當代西方馬克思主義最具陣容的法蘭克福學派，並積極吸收德國以外的社會學傳統，也數次融入當代西方哲學的思想論爭中，廣泛地受到社會科學界的重視，成為二十世紀末期最具創發性且體系龐大的社會學家和哲學家。

哈伯瑪斯將德國十八世紀以來以意識哲學為基礎的傳統社會學，轉換為以語言作為典範的社會哲學論述，以此說明人類社會行動在根本上並不是在貫徹某種叫意識的東西，而是在與他人溝通、協調，建立具有共

同規範協議的共識；人的語言不是達成既定
目標的手段及工具，而是屬於人的溝通本能
和媒介。恕我大膽的說，他是繼韋伯、馬克
思以來最重要的社會哲學家。

哈伯瑪斯的社會學思想籠罩目前德國思
想界，有不少專家學者譏評他並不真懂得哲
學或社會理論。這顯然是不公允的。也許我
們可以這樣說，哈伯瑪斯不是一個好的「學
者」，這從他對別人理論的誤解或任意的批
評可以看得出來；但是，他肯定是一位頂尖
的思想家，端看他在論著中嚴密又有條理的
論證可以肯定這點。所以，他的論著絕不是
像一般學者的著作那樣單調，介紹或討論其
他思想家的思想並不是他的工作，他的工作
在於去審議這些思想家，檢視他們對問題的
處理究竟有沒有說服力，或看看這些思想家
如何回答當代社會所面對的種種難題。

就這個角色而言，哈伯瑪斯是一位徹徹
底底的現實主義者；因此說得明白些，那些
在他論著中出現的思想理論，只不過是他處

理問題時的工具、註脚、參考點、資料而已，
他至終所關心的還是：現今我們所遭遇的
「問題是什麼」，以及要「如何解決問
題」。

　　本書的寫作是企圖全面介紹哈伯瑪斯所
有的思想論點，雖然我不能針對他的每一本
書詳加說明，但是，細心的讀者可以看出我
寫作的架構，與哈伯瑪斯重要的論著出版進
程是緊密相連的，而且，在此書中我儘可能
的把他的核心論點交待清楚，還不忘了與他
的「溝通行動理論」串連，所以，看似獨立
的每一章，事實上卻是前呼後應的聯貫著。

　　本書雖是介紹性質的書，但仍力求詳盡
交待哈伯瑪斯的思想，相較於目前坊間已出
版有關哈伯瑪斯的中文著作，多數無法論及
哈伯瑪斯近期所展開的一些看法，本書稍晚
出版有這個好處，可以補上這個缺憾。

　　我必須承認，要想以此有限的篇幅撰寫
一本全面論述哈伯瑪斯的書是不可能的，本
書也有這項遺憾。我已儘可能的忠於哈伯瑪

斯，從他出版論著的歷程闡述他的理論，一方面可以清楚地跟著哈伯瑪斯的思想脈絡一同前進，另一方面則可以都留意到他重要著作的主要論點。由於本文已超過一本袖珍型小書的篇幅，原著引註的部份只好全數刪除，敬請讀者原諒。

目前，以海峽兩岸的努力狀況來看，要編一本中譯本《哈伯瑪斯選集》並不困難，可以當作是替哈伯瑪斯一九九九年七十祝壽的賀禮。英譯本的《選集》 (William Outhwaite ed., *The Habermas Reader,* Polity Press, 1996) 也是在近期才出現，況且我認為，英譯本的選材也不盡理想，若是中譯本的《哈伯瑪斯選集》可以出版，肯定可以超越過英譯本的水準。

我在此想表達我的謝意：揚智出版社社長葉忠賢和叢書主編孟樊的支持、北京中國社會科學院曹衛東借閱部份的譯稿、香港中文大學劉小楓和建道神學院謝品然的關心和鼓勵、楊以琴和蔡維鼎的潤飾和校對、游惠

美和唐盧蘭如提供舒適的研究和寫作環境，
一併表達我對他們的感謝。最後，我要特別
感謝在我研究所求學階段擔任我論文導師的
陳文團老師，和引導我進入研究哲學興趣的
沈清松老師，他們在為學和做人方面都給我
很多的啓發。感謝上主。

曾慶豹

目　錄

出版緣起／*1*

序言／*1*

第一章
生平、著述與思想歷程／*1*

法蘭克福學派家族／*2*

初生之犢的好鬥／*13*

通往體系之路／*26*

為現代性發言／*36*

第二章
公共論域／*49*

現代性的理念型／*50*

理性的公開運用／*63*

第三章
合法性危機／75
晚期資本主義的危機／76
國家的合法性／85

第四章
行動的邏輯／93
承認的鬥爭／94
符號互動／103

第五章
知識類型學／111
旨趣的作用／112
知識與方法的分化／121

第六章
批判的詮釋學／131
精神分析學／132
意識形態批判／143

第七章

溝通行動理性／*155*

行動的類型／*156*

普遍語用學／*162*

溝通能力／*177*

第八章

生活世界的理性化／*191*

日常生活的先驗性／*192*

系統的分化／*205*

理性的統一／*215*

第九章

反對後現代主義／*223*

新保守主義的挑釁／*224*

啟蒙何以成為神話／*232*

泛文本的審美主義／*245*

權力的批判與批判的權力／*253*

第十章
從言說倫理到制度法／261
言說倫理的建制化／262
規範性權力論／273
法與道德／282
法的公開鬥爭／287

第十一章
程序主義的權利理論／299
危機中的自由主義／300
超越自由主義與社群主義／311

結語／325
哈伯瑪斯參考著作／343

第一章
生平、著述與
思想歷程

一、法蘭克福學派家族

　　在二次世界大戰戰後歐美的哲學與社會理論圈子當中，最具攻擊性、創造性、體系性，也是最具爭議性的介入型思想家，當推德國法蘭克福學派第二代批判理論的代言人尤根・哈伯瑪斯（Jürgen Habermas, 1929～），尤其是他在八〇年代所建構起來的「溝通行動理論」，已普遍地被認定為能明確地代表著他個人的學術成就和標記。

　　其實，早在一九六〇年代初，哈伯瑪斯就已嶄露頭角。當時德國社會學界蔓延著分別以阿多諾和波柏為首的「實證主義之爭」，代表著法蘭克福批判的辯證學派和維也納批判的理性主義學派之間的理論對立，哈伯瑪斯參與了其中的發言，他的立場鮮明，以批判理論為根據地，開始在學術和哲

學立場上形成他個人的風格和特色。

　　哈伯瑪斯於一九二九年六月十八日出生
在德國的杜塞道夫（Düsseldorf）一個中產
階級的家庭，並成長和生存於確實出現了極
度偏差的理性社會。戰後納粹下台，哈伯瑪
斯透過影片的報導，得知法西斯在紐倫堡大
審判和集中營所犯下的暴行，帶給他極其深
刻的衝擊。當時他才十五歲。

　　一九四五至一九四九年之間，中學時代
的少年哈伯瑪斯跟著時尚走，酷愛沙特的戲
劇作品，這並不是出於對存在主義倫理的推
崇，而是作為戰後擺脫德意志意識形態桎梏
的政治號召，《存在與虛無》成了這一代年
輕人與海德格保持距離的重要著作。另外，
他也廣泛地接觸心理學、經濟學和生物學，
並開始大量涉獵馬克思、列寧等人的著作。

　　一九四九年，哈伯瑪斯在哥丁根
（Göttingen）大學師從哈特曼（Nicolai
Hartmann），但是，真正影響他思想的是盧
卡奇（Gerorg　Lukács）和洛維特（Karl

Löwith）。伴隨著對政治的濃厚興趣，哈伯
瑪斯閱讀了洛維特《從黑格爾到尼采》的思
想史式詮釋，由此邁進青年黑格爾學派的殿
堂，瞭悟到必須從十九世紀的思想語境中，
重新理解從康德到包括謝林、黑格爾在內的
客觀觀念論的理論變遷；再經由盧卡奇那本
奠定馬克思主義成功轉型的《歷史與階級意
識》，引導哈伯瑪斯走進青年黑格爾學派的
馬克思——這個將抽象問題具體化的理論
家，因此連接上了西方馬克思主義的思想淵
源。加上當時他對學生運動的熱心參與，塑
造並確立了他與馬庫色等「新左派」思想家
的性格和典型。

　　一九五一年哈伯瑪斯轉到蘇黎世大學，
不久又到了波昂，專心攻讀哲學。就在哈伯
瑪斯還是學生的時代，海德格與納粹之間曖
昧關係所引發的哲學理論和政治利益的糾
纏，已使他警覺到必須更清醒地對待思想所
引發的政治效應，嚴格區分其間的理論、利
益或意識形態的糾葛，不然，很難令人信服

地說海德格的名著《存有與時間》與納粹體
制毫無關係。「海德格事件」引發哈伯瑪斯
自覺到哲學不能變成海德格式的沈默，不能
沈醉於形上學的思考，哲學應該是對批判理
性傳統的堅持和推進，以防範法西斯獨裁主
義的借屍還魂。一九五四年，遊學於哥丁根
大學、蘇黎世大學之後，哈伯瑪斯終於在波
昂大學羅契柯（Erich Rothacher）教授的
指導下，完成以《絕對與歷史──論謝林思
想中的內在衝突》為題的博士論文，內容主
要討論謝林哲學中的「上帝觀」。

　　爾後，哈伯瑪斯做了兩年自由撰稿的報
社記者，主要集中評論有關工業社會的一些
現象。在這期間，哈伯瑪斯也閱讀了批判理
論的經典之作《啓蒙的辯證》以及阿多諾戰
後所出版的論著，再結合到盧卡奇和柯爾施
（Korsch）的物化理論，擴大成對理性化的
全盤思考。也因為具備了這些理論背景，當
阿多諾拜讀哈伯瑪斯在《水星》（Mer-
ker）雜誌上有關工業和人類理性化等關係

上的文章時，自然有份熟悉感，而對哈伯瑪斯大為欣賞。經友人的引介，哈伯瑪斯於一九五六年到達法蘭克福，有三年的時間擔任阿多諾的助教，兩人的相遇對哈伯瑪斯以後的學術發展具有實質的影響。在一次訪談中，哈伯瑪斯對這次的際遇津津樂道：「當我遇見阿多諾，看到他令人興奮地談論商品拜物教，並應用此概念到文化現象及日常生活時，這對我而言是一種震撼。」由此可見他對阿多諾的推崇與景仰。

　　法蘭克福大學「社會研究所」於一九二四年成立，從一九三一年霍克海默（Max Horkheimer, 1898-1973）擔任所長開始，批判理論對於現存的社會體制，無論是「左」（史達林與歐洲共產主義）或「右」（納粹法西斯的國家社會主義）激盪的力量，都一概予以否定。這段期間由於遭到納粹的迫害，研究所成員開始流亡海外，從德國美茵河畔經日內瓦、巴黎，一路疲於奔命，最後逃到美國，在哥倫比亞大學成立臨時研究

所。這一群社會科學家到了美國仍堅持使用
德語寫作，認為德文與哲學實在有著特殊關
係，一九四四年在美國出版的《啓蒙的辯
證》就是以德文版發行。戰後於一九四九
年，霍克海默與阿多諾（Theoder W. Ador-
no, 1903-1969）返回德國，重建研究所。無論
戰前或戰後，法蘭克福學派始終如一地批判
資本主義社會的生產和交換的機制，批判理
性的嫁禍和扭曲；而他們抨擊資本主義和理
性的利器：一是黑格爾的辯證法，另一是馬
克思的政治經濟學批判。

　　與阿多諾合作後，哈伯瑪斯在理論研究
和經驗調查的功夫上大有斬獲，閱讀阿多諾
的著作給他的勇氣是直接地使他得以在批判
理論的傳統中，繼承與他同時代的馬克思理
論研究；而且，阿多諾親自指導哈伯瑪斯閱
讀經典大師的作品，經常談論關於涂爾幹、
黑格爾以及佛洛伊德等人的思想，期間他們
還合著了《大學生與政治》一書。

　　大學時代的哈伯瑪斯對馬克思多有排

斥，《啓蒙的辯證》卻改變了他的偏見，並
由此對馬克思主義有了不同的認識。這是第
一次哈伯瑪斯系統地而不是歷史地解讀馬克
思，進而擺脫馬克思理論的歷史侷限。從到
法蘭克福以後，現代性理論一直是哈伯瑪斯
關心的問題，即一種從歷史理性的合理變形
的理性角度來看現代病理學理論，《啓蒙的
辯證》開啓了病理學的清除工作，是一部影
響他對這個問題關心的關鍵性論著。

　　在這同時，哈伯瑪斯也積極著手他的博
士後研究，《公共論域的結構變遷》應運而
生，這部著作是他任職大學的資格審查論
文，他在馬堡大學通過答辯，卻應伽達瑪
（Hans-Georg Gadamer, 1900～）和洛維
特的盛情邀請到海德堡大學擔任哲學教授，
時年一九六一。

　　《公共論域的結構變遷》一書公開透露
出哈伯瑪斯想超越前輩老師們的意圖，然
而，這本書卻未受到重視，包括哈伯瑪斯本
人在內。本書是哈伯瑪斯於一九五六年到一

九六一年間完成的,指導教授是馬堡大學的
阿本德洛特 (W. Abendroth)。一九六二年
初版,出版社還不是在法蘭克福而在柏林,
就這一點已大概可以嗅到了哈伯瑪斯與阿多
諾上一代人之間的隔閡。這本書依然展現了
批判理論對社會現象的分析,除了科技整合
性的研究,和注重社會史(布爾喬亞史)和
概念史(公共領域)的辯證批判之外,它與
前輩老師們最大的差異,在於他對法治國家
的民主憲政傳統的好感,這對於一向標誌
「左傾」的師長們看來,無疑是變相的對布
爾喬亞社會表示肯定,此舉嚴重地背叛了師
門。

　　有趣的是,因為哈伯瑪斯本人似乎不怎
麼在乎,也不特別提及這本成名之作,因此
《公共論域的結構變遷》一書雖然在一九六
二年就已出版,可是,英譯本卻要遲到一九
八九年才出現,日文譯本則在一九七四年就
已面世。事實上,我們可以清楚地看到哈伯
瑪斯以後所展開的理論工作,都是朝著這本

書所奠基的方向上推進的；或者說《公共論
域的結構變遷》只是初步提出了「理念
型」，如何發展並賦予哲學論證，就必須等
到他那兩大卷的《溝通行動理論》才算完
成。本書於九○年再版，哈伯瑪斯補上了一
篇新序，又重新獲得學界的重視，可能與一
九八九年東歐巨變有著密切的關係。

　　在與阿多諾和霍克海默這些批判理論前
輩大師接觸後，哈伯瑪斯儼然發現，由於他
們過份地停滯在黑格爾哲學的精神遺產中，
因此對當代哲學缺乏全面的關注，被他們引
證的思想家僅僅是柏格森和胡賽爾，即使是
胡賽爾，也只提了他的《邏輯研究》，根本
就無法吸納其他哲學傳統所發展出來的新成
果，因而落入與盧卡奇所主張的「理性化即
物化」同樣的悲觀結論，沒有出路。

　　歐陸哲學，尤其是德國哲學家，向來自
豪於優越的古典哲學和日耳曼思辨的輝煌傳
統，相形之下，英、美哲學則被視為庸俗淺
薄，他們特別看輕誕生實用主義哲學的美

國，其中好萊塢商業電影和百老匯歌舞鬧劇
都與嚴肅的哲學思考背道而馳。由於把馬克
思以外的著作都一併輕蔑地貼上「資產階級
科學」這類標籤，這無疑地造成批判理論的
限制，哈伯瑪斯則與此不同，他認為，一切
認知的、結構的、啟發性的東西都是有益的，
皆能幫我們打開眼界，洞悉事物的本質，因
而態度上一反師輩們的偏見，轉而大量地吸
收英、美哲學的成果，此舉因此被視作為是
離經叛道和修正主義者。

　　再者，批判理論大師前輩對於「資產階
級的民主」態度似乎是全盤否定的。哈伯瑪
斯則認為資產階級的法律、憲法和政治形式
特徵都表明了道德實踐的思想和合法政治制
度的內在關聯，在這個意義上，資產階級的
社會經驗是不容否定的，哈伯瑪斯甚至肯定
的認為，這項資產階級的優越性，在馬克思
所理解的社會主義社會中還獲得保留。

　　哈伯瑪斯是該學派中第一個非猶太人，
他成長於納粹帝國年代，躬逢法西斯主義滅

亡，此一背景與師輩們不同，也許正是如此
使他比較樂觀，超越了阿多諾等人「奧斯維
辛倖存者」的受創心靈，擺脫傳統的歷史圇
圈和理論包袱，因而不把「批判」與「否
定」劃上等號，並朝向於實踐問題的研究。

　　「理性」並不意味著訴諸眞理的目的，
即狹義上的傳達眞理。由於早期批判理論的
思想家深繫於黑格爾的眞理理論，預設了某
種歷史哲學的理性概念，使得他們都不得不
落入悲觀主義，最後導致將「理性」與「物
化」等同起來，並從而對理性失望。由於哈
伯瑪斯對前輩們停滯於黑格爾式馬克思主義
的核心理論已不再有信心，他轉而開始關注
以新的哲學手段來修正批判理論的各項進
路，已不再考慮傳統的延續或正統的維護，
而是要走出歷史哲學化的理性概念之桎梏。

　　爲突破法蘭克福學派的思想框架，並擴
大批判理論的分析性能力，哈伯瑪斯在赴海
德堡任教開始，就大量研究當代哲學理論，
企圖澄淸批判理論傳統與當代形形色色理論

的異同，其中包括伽達瑪的詮釋學、美國的
分析哲學和語言哲學、杜威和米德等人的實
用主義哲學等等。經過這些思想的洗禮，對
哈伯瑪斯後來建構龐大的理論系統大有幫
助，並成為它的依據和註腳。總之，為避免
批判理論的獨斷和封閉，哈伯瑪斯積極反省
理論與實踐旨趣間的相互性地位，從中辯證
地融入現實情境作分析。

二、初生之犢的好鬥

　　哈伯瑪斯個人的學術史發展與當代德國
學術史的語境之間，是緊密相連的。隨著論
戰的展開，哈伯瑪斯把自己拋置在當代德國
的學術語境中，經由與其他思想派別的論
戰、較勁過程中，於批判對方缺點的同時，
大量吸收了對方的優點，進而再挪用到自己
的理論發展上，所以他的哲學與社會理論往

往是在論戰中，吸收了其他思想家不同的理論而建立起來的。就在這個意義上，他被喻爲「介入型的哲學家」。

　　哈伯瑪斯是著名的「誤讀大師」，他喜歡強調他人理論的意識形態要素，卻在其中提出了他的批判和看法，藉此豐富了自己原先的理論基礎。值得注意的是，哈伯瑪斯在海德堡大學的四年中，捲入了六〇年代德國社會學界關於「辯證學派和批判理性主義學派」之爭。透過該次論爭，哈伯瑪斯認眞考察了分析哲學的經驗主義傳統，也從中大量地消化詮釋學理論；後來出版的《關於社會科學的邏輯》（1967）和《知識和旨趣》（1968，英譯本作《知識與人類旨趣》），這兩書均可說是經過這次論戰後的結果和思想結晶，完成在知識類型學的奠基工作，也使他在批判理論的陣營中佔有了一席之地。

　　哈伯瑪斯與波柏之間並未曾直接面對面發生過爭論。一九六一年在圖賓根舉行了一次關於德國社會學大會，波柏首先發表以

〈社會科學的邏輯〉為題的論文，隨之阿多
諾回以〈論「社會科學的邏輯」〉，提出與
波柏針鋒相對的論點。兩位報告人都否定德
國傳統對自然科學和精神科學的劃分，兩人
都同時宣佈向曼海姆知識社會學的相對主義
展開批評，彼此則避免相互攻訐。

　　然而，這種沈默和含蓄並沒有掩蓋住他
們之間不可調解的分歧。會議的爭論氣氛並
沒有給人留下振奮的印象，甚至令與會者失
望，反倒是在大會之後，學生輩們的爭論要
比老師們提綱挈領式的報告更為深入，哈伯
瑪斯作〈科學的分析理論與辯證法〉檢討雙
方的論點，並且再以批判理論的立場批評波
柏的實證主義；而站在波柏立場上反擊哈伯
瑪斯的代表則是漢斯‧阿伯特（Hans Al-
bert）。這場原先由波柏和阿多諾之間所開
啟的辯論，轉變成了他們隔代好鬥的弟子之
間的對峙。

　　雖然波柏一再的拒絕承認他是實證主義
者，但站在辯證學派的立場看來，波柏等人

的認知方法和理論最終都反映「法則即強權」的作用，形成爲現實辯護的意識形態，如果黑格爾「凡合理的，即是現實的」

(Wir Vernunftig ist, ist wirklich) 的話成立，理性反變爲維護扭曲和欺騙的工具。儘管反對邏輯經驗論的主張，他的理論形式仍然是「總體理性的神話」（阿多諾）和「根深蒂固的實證主義偏見」（哈伯瑪斯）。

批判理論強調的是對象本身，而且，只要這些對象仍在思考中，就沒有任何東西比波柏漠視在自然界和社會中，對象之間相互關聯的差異，更能確證他是「實證主義」的了。正因爲認識到事實的中間作用，波柏遺漏了價值進入事實構成之中的此一問題，便把理性看成實體；實證主義所謂的「事實」的概念，是一個偶像，一個想像爲「獨立於」理論之外的事實。辯證法是指：事物同時既保存又消失，並且仍在變化的運動中；所以批判理論把理性設想爲限制，但卻又與

無限的可能性連結，批判也就不是決定的工具，而是選擇的可能性。

　　哈伯瑪斯在這次爭辯中主要提出三方面的論點。第一，實證主義沒有區分自然科學與人文科學的差異，並且以自然科學的方法等同爲對人文科學的處理。自然科學是處理經驗事實的問題，而人文科學則涉及到價值判斷，沒有做此區分就顯示實證主義者的獨斷；再者，前者假定了某種事實與價值分立的二元論想法，也就忽略了選擇性自由的因素，而人文科學的範疇卻是關係到實踐的評價問題。實證主義者同樣犯上了經驗主義的錯誤，把經驗當作客體而非對象，這在人文科學的方法應用上是行不通的。第二，波柏與實證主義者一樣，均把理性片面地理解爲一種狹窄的工具理性，而工具理性的特質即是它的宰制或支配功能，無論是經驗主義者的命定論（Determinism）或波柏的決定論（Decisionism），都以工具理性爲其本質性思考。哈伯瑪斯因此宣稱任何把理性與工具

理性等同的，都是意識形態。第三，哈伯瑪斯認為社會的實在是由一群主體構成的，而不是一群客體。換言之，知識或理論探究則是關於實踐和價值的問題，波柏等人過於天真、樸素的看待知識或真理探究，也就無法理解到意識形態在其中所扮演的宰制性功能。社會科學家最主要的工作就是批判、揭露意識形態，與之相反的實證主義者卻只考慮到手段的有效性，這種工具性思維，忽略了目的本身所蘊含的價值和意義問題。

阿多諾和哈伯瑪斯的發言，直接的刺激到一九六四年在海德堡為「紀念韋伯誕生一百周年」而召開的德國社會學家大會的議程，甚至還蔓延到一九六七年會議關於「社會科學的哲學基礎」的爭論上。因著參與了這次冗長的論戰，哈伯瑪斯在學術界初試啼聲，成功的建立起他的威望，這次的論戰也影響他以後的學術興趣，至今，任何形形色色的「實證主義」仍是哈伯瑪斯著作中的死敵。

　　在批判實證主義所謂「價值中立」的客
觀研究時，哈伯瑪斯已經留意到詮釋學家伽
達瑪的觀點，並以此說明自然科學與人文科
學的方法論差異。《真理與方法》出版於一
九六〇年，直到哈伯瑪斯一九六七年出版
《關於社會科學的邏輯》一書時才首度公開
批評伽達瑪的詮釋學論點，正式從「實證主
義的爭論」轉戰到「詮釋學的爭論」。

　　詮釋學從狄爾泰（Wilhelm Dilthey）
開始進入哲學論域，即將詮釋學關於解釋文
本的技藝擴大成為對人文科學方法論的奠基
工作。狄爾泰的詮釋學旨在重構起文本作者
或歷史事件的行為者的心理或世界觀，理解
即是還原，詮釋的經驗即是如實的對詮釋的
歷史或距離的克服。海德格從存有論上放棄
了將詮釋學看作為方法論的主張，詮釋是人
存在的一個基本結構，理解的歷史性不是消
除理解意義的障礙，正是歷史的作用，理解
的活動從中獲得展開，沒有歷史性，詮釋不
可能發生。所以詮釋學的問題不在於克服這

種歷史性，而是要正確的評價和認識這種歷
史性。伽達瑪全面的推進了海德格的論點，
從狄爾泰方法的詮釋學徹底的走向哲學的或
存有論的詮釋學，對歷史性的分析發展到對
傳統、成見、權威、語言的理解模式和存有
狀態中。詮釋學就是這樣的一種理解的經驗
活動。

　　儘管批判理論與存有論詮釋學在哲學立
場存在著許多分歧，它們對實證主義工具理
性的批判則是一致的，並且，將認知活動和
其可能性條件置於同一水平上來理解，反對
任何客觀主義的方法獨斷論和主觀主義的先
驗唯心論。把批判作為理論的工作在老一輩
法蘭克福學派成員的論著中業已展開，卻因
為受限於歷史哲學的框架，使得批判理論在
方法和邏輯的基礎，和有效性方面，一直未
有令人滿意的解答，哈伯瑪斯企圖從伽達瑪
的詮釋學理論中澄清批判和反省的前提性和
必要性，使批判理論的批判獲得其有效性的
社會科學基礎，進一步跨越了批判理論的限

制。

　　經過對資本主義意識形態及其合法性暴
力支配的考察，哈伯瑪斯憂心地認為，伽達
瑪詮釋學的片面性在於動搖了生活實踐的反
省能力，由於未充分重視理性的反省性功
能，只留意到語言的媒介性理解並無助於產
生社會行動，對意識形態權力機制的批判也
就顯得無能為力。伽達瑪太信賴語言，甚至
將語言絕對化，它將無法正視語言之外之強
制性權力因素；詮釋學缺乏了掌握社會構成
因素、世界觀經驗條件的批判能力，以致於
遮蔽了那隱藏的意識形態欺騙。按哈伯瑪斯
的論點，語言只是實在的一個方面，還有其
他構成因素的存在；語言並非伽達瑪所認為
的「中立」，雖然它有助於溝通和理解，但
是它並非純粹而自然的，語言包含著的意識
形態因素是伽達瑪未見的，語言必須作為批
判和反省的力量，正是它反映了扭曲，而且
又必須針對它給予批判的糾正。

　　哈伯瑪斯說：

　　語言也是支配和社會權力的媒介，它用來使有組織力量的關係合法化。只要這種合法化沒有說明它們使之可能的力量的關係，只要這些關係是在這種合法中得到表達，語言即是意識形態的。在這種情況之下，問題不是語言中包含著欺騙，而是用語言進行欺騙。正是這種符號架構對於現實條件的依賴性，詮釋學經驗推進成了意識形態批判。

　　一切理解都透過語言發生，這是伽達瑪的論點；但是，哈伯瑪斯反對以此作爲詮釋學普遍性的宣稱。詮釋學的普遍性是必須結合對於社會建制的分析，只有透過批判，詮釋學對於變化的經驗和行動模式的理解才是有效的，缺乏了批判和反省，詮釋學的理解必然導致政治保守主義和歷史相對主義。哈伯瑪斯說：「只要把詮釋學的經驗絕對化，沒有認識到反省的超越作用，詮釋的自我反省就把自己捲入非理性主義中。」

　　批判和反省並不是拒絕任何傳統的主

張，在批判的反省中，我們既拒絕又接受傳統的有效性主張，同意傳統在理解活動中的作用，並不意味著對於構成理解活動的傳統喪失了批判的接受。換言之，理性與權威的對立是存在著的，詮釋並不能取消其間的不同，哈伯瑪斯說：

> 毫無疑問的，知識植根於真實的傳統，它仍然受限於偶然性的條件，但是，反省絕非無所作為地在傳下來的規範的事實性上消磨自己，它必須依從事實，但當它回顧它時，即發展出一種反省的能力。

爭論的焦點在於，伽達瑪將詮釋學僅僅停在「理解」的階段是不足的，哈伯瑪斯認為必須將詮釋的活動推進，成為批判和反省的能力。哈伯瑪斯的質疑是：傳統本身能不能加以反省和批判？反省能不能將它自己從它的歷史條件中解放出來？答案若是否定的，則詮釋學很可能變成某種意識形態，或者說，詮釋的理解根本就不具有普遍性。

換言之，哈伯瑪斯主要是攻擊伽達瑪的詮釋學並沒有發展出反省的力量，相反的，卻將「傳統」視爲用來證明「成見」的權力；這種合法化的成見，等於否定了反省的力量。當然，在人文社會科學方法論的詮釋學反省方面，「傳統」確實是理解活動的依據和基礎，但是，要是片面的高抬傳統、將成見置於優位，讓理性的反省功能完全讓渡給理解活動，其結果必然淪爲某種權威性的宰制。哈伯瑪斯提醒我們「在掌握其來所自與其所歸趨的傳統源頭時，反省鬆動了生活實踐的獨斷」。伽達瑪的理論不能處理意識形態和無意識的動機，如行動者的主觀意義掩蓋或歪曲了社會關係的實際結構或他們的眞實動機等等。按照佛洛伊德的精神分析學，語言是充滿著扭曲的，伴隨著是反省性的語言的治療，哈伯瑪斯因此認爲，這種面對傳統時卻將語言絕對化的結果是一種「語言唯心論」：「以語言表達的意識決定實踐生活物質的存在。」

　　基本上，哈伯瑪斯與伽達瑪衝突的焦點
主要歸因於對待理性和啓蒙的不同態度。伽
達瑪承接著德國浪漫主義精神和海德格哲學
的雙重遺產，致力於與啓蒙的理性主義傳統
劃清界限；哈伯瑪斯則自始至終都堅持從康
德到馬克思的批判，致力對啓蒙的延續，所
以理解不應該成了擁抱傳統而放棄批判。詮
釋學不應該因爲理解的歷史性而取消了對人
的批判和解放的可能性，詮釋學理論不僅僅
是理解，它應該轉變成意識形態批判，只有
這樣，詮釋學才可以宣稱其普遍性。

　　詮釋學的普遍性要求，即是關於我們的
溝通如何得以正常進行的問題，亦即如何免
於系統地扭曲的溝通，正是詮釋學所當關
心。換言之，批判的詮釋學「不是規則指導
下的實用技能，而是一種批判；經過反省式
的決定，帶給意識有關我們語言的體驗，這
些語言體驗是我們在運用我們溝通能力的過
程中，也是靠語言中的社會互動獲得的」。
在這個意義下，哈伯瑪斯把詮釋學結合到精

神分析學上去，詮釋的理解成了意識形態批
判的方法，經由對語言的象徵化或解象徵化
之過程，解除語言和溝通中的壓抑、宰制，
語言的反省和批判是對語言的治療，導致日
常語言的常態化。所以，「理解」就不僅僅
是問「什麼」的問題，而是要問「為什麼」
的問題。

　　針對哈伯瑪斯的批評，伽達瑪力圖為自
己的論點辯護，同年發表了兩篇論文：〈詮
釋學對問題的普遍性〉和〈修辭，詮釋學與
意識形態批判〉，後者直接針對哈伯瑪斯做
答辯。最後，哈伯瑪斯發表〈詮釋學對普遍
性之要求〉一文，總結了這場爭論。

三、通往體系之路

　　離開海德堡返回法蘭克福之前，哈伯瑪
斯在一九六三年出版了《理論與實踐》的論

文集。一九六四年，哈伯瑪斯重回法蘭克福
大學任教，與「社會研究所」的阿多諾、斯
密特（Alfred Schmidt）和阿佩爾（Karl
Otto Apel）等人共事。這一年，正好是德國
學生運動的熱鬧年代，哈伯瑪斯對於激進的
學生份子不表贊同，還為文批評反抗運動的
消極性，指出暴力與破壞的危險，認為改革
應以合法的民主化程序給予促成，任何破壞
秩序的實踐在理論上是難以證成的。哈伯瑪
斯為此蒙上了妥協和保守的罪名，與「新左
派」的思想家漸行漸遠。以下舉兩個事例。

　　五十年代中期，西德各界正激烈展開對
重整軍備的問題是否違憲進行辯論，哈伯瑪
斯正活躍於學生團體中，並主張應交由公共
領域公開爭辯。一九六七年，哈伯瑪斯從海
德堡大學轉返法蘭克福大學任教，這時學生
抗議運動正如火如荼地展開，哈伯瑪斯也加
入其中，並在一次左派學生於漢諾威舉行的
大集會上發表〈西德學生團體的政治角色扮
演〉的演說，聲援學生的抗議行動，成為學

生運動的導師，可是不久之後，講堂卻被學
生佔據，他本人的立場也成為學生攻擊的對
象。他雖然沒有像阿多諾那樣，請來警察將
鬧事的學生逮捕，但同樣地是從對學生運動
的支持，轉而批判學生的非理性行為。哈伯
瑪斯認為學生只搞破壞，欠缺理論的專研，
甚至過火地批評他們是「左翼法西斯主
義」，認為他們的所作所為事實上是一種
「逃避於非政治的次文化圈」，所以遭到當
局的鎮壓是咎由自取。

　　另外一次，是起因於阿多諾逝世後接任
教席的問題之爭，時年一九六九。哈伯瑪斯
推薦當時任教於加州柏克萊大學原籍波蘭的
柯拉柯夫斯基（Leszek Kolakowski），結
果遭致另外自稱正統派的人馬，結合學生
會，反對哈伯瑪斯的推舉，認為只有阿多諾
的學生及助教才真正理解阿多諾，不願與修
正主義的推選者合作，他們願意跟隨正統派
的老師如卡爾黑茲（Karl-Heinz）、斯密特
等人，並指責他背離了正統批判理論的路

線。可見，哈伯瑪斯與前輩老師們的路線疏
離，已不是理論上的問題了。

一九六八年，哈伯瑪斯出版《知識和旨
趣》（英譯本作《知識與人類的旨趣》）這
本重要的著作，完成他對認識論和方法論的
批判。《知識和旨趣》釐清了人類知識活動
中不同的構成因素，以及知識活動中在實踐
論上的不同方法學進路。這本書不但總結了
他對經驗分析學派、歷史詮釋學派和批判理
論的看法，更是奠定以後他所發展出來的種
種理論的基礎，尤其是擴大了前輩法蘭克福
學派的觀點，將他們的理論置放於當代哲學
的情境中。在法蘭克福期間，又相繼出版了
《作為「意識形態」的技術和科學》
（1968），《抗議運動與大學改革》
（1969），《關於社會科學的邏輯》
（1970）的二版修訂也完成。一九六九年，哈
伯瑪斯離開西德，到紐約「新社會研究所」
擔任赫斯（Theodor-Heuss）講座兩年。

一九七一年，哈伯瑪斯應魏茲哲克

(Carl Friedrich von Weizsacker) 之邀
前往史坦堡 (Starnberg) 的「科學技術世
界生活的生存條件」馬斯‧普朗克研究中心
(Max--Planck Institut zur Forschung
der Lebensbedingungen des Wissen
-schaftlich-technichen Weit) 擔任院長的
職務，一直到一九八二年才再回到法蘭克福
任教。在史坦堡十年期間，哈伯瑪斯又出版
了《哲學—政治側面》 (1971) 、《晚期資
本主義的合法性問題》 (1973) 、《文化與
批判》 (1973) 、《歷史唯物論的重建》
(1976) 、《政治短論文集（卷一至卷
四）》 (1981) 、《溝通行動理論（卷一）
理性與社會的理性化》和《溝通行動理論
（卷二）：生活世界與系統——對功能論理
性的批判》 (1981) 。可以這麼說,哈伯瑪斯
在史坦堡期間收穫最爲豐碩，發展並完成他
的新型批判理論——溝通行動理論，廣泛地
吸收英美語言分析學（奧斯丁、約翰塞
爾）、心理學（佛洛伊德）、社會學（涂爾

幹）、結構功能論（帕森斯）、道德發展理
論（皮亞傑、柯爾堡）等思想，建構他那百
科全書式的哲學體系。

哈伯瑪斯剛到史坦堡不久，就與另一大
師級的社會理論學家盧曼（Niklas Luh-
mann）之間展開關於系統理論的論戰，後
來雙方將論文集結成書，題爲《社會理論或
者社會技術理論：系統研究有何進展？》
（1971），本書的題目讀起來顯然是哈伯瑪
斯擬定的。這次問題論戰廣泛地觸動了社會
學概念的根本分歧，它關係到規範的考慮在
對社會現實的分析中應起的作用和應該到達
什麼樣的程度，結果又吸引了相關的哲學家
和社會學家的共同參與，於是同一個出版社
又出版了四卷與這次爭論有關的論文集。

六〇年代以帕森思爲首的美國結構功能
論都有日漸衰落之趨勢，可是在德國卻有復
興的跡象，其中的代表人物即是帕森思的學
生盧曼。盧曼在一九六八年發表了一篇題爲
〈現代系統理論作爲社會整體分析的形式〉

的論文，立刻就受到哈伯瑪斯的關注，並視
爲是批判理論對社會理論反省上的關鍵對
手。於是一九七一年發表一篇長文逐一批評
盧曼的論點，盧曼不甘示弱，立即提出反駁，
引發了另一場熱鬧的學術論爭，正式宣佈從
「詮釋學的爭論」轉戰到「社會理論的爭
論」。經過這次思想上的交鋒，對哈伯瑪斯
的助益即是一九八一年出版那兩卷的《溝通
行動理論》，尤其下卷就以「生活世界和系
統」作爲對比的研究。從另一角度看，哈伯
瑪斯從盧曼那裡所吸收的，多於盧曼從哈伯
瑪斯那裡所學到的。

　　哈伯瑪斯不僅抵制孔德式的實證主義哲
學與實證政體的統一，而且也抵制盧卡奇那
種以爲無產階級最爲接近眞理，以及一切與
此相關的正確行動相聯繫統一的保證理論。
閱讀帕森斯和盧曼的作品，使哈伯瑪斯能夠
在社會複雜化與階級支配之間做出區分，而
且瞭解到哪些人遺漏了馬克思的著作所衍生
的有害性分歧，在這一點上，哈伯瑪斯至少

可以成功的避開了盧卡奇和西方馬克思主義
者的通病，即他意識到那種依賴於黑格爾式
的實踐結構，和歷史階級意識客觀辯證的進
路再也行不通了。

　　盧曼把社會學理論定位在現代社會自我
觀察、自我反省的抽象層次上，因此他從自
主系統構成的功能解釋社會的運作過程。盧
曼和哈伯瑪斯都聲稱社會理論要求普遍性，
並且能夠妥當地把握現代社會瞬息萬變現象
背後的道理，盧曼認為是無所不在的「系
統」，哈伯瑪斯則認為是理性的作用，恰好
凸顯了系統理論和批判理論的不同立場。

　　在哈伯瑪斯看來，由於盧曼的理論太過
抽離現實經驗的層次，因此把活生生的個人
都取消了，結果存在的只有在系統的不同位
置中被分割的不同個人，整個社會因而非人
化。盧曼以為，社會即是系統分化的結果，
「在特定的功能分化結構中，每一個次級系
統（如政治、科學、經濟、家庭、教育或法
律）必須以下列的方式，表達出自身與系統

間的關係：相對於社會，次級系統是一種制
度化的功能；相對於其他的次級系統而言，
是一種輸入與輸出的表現」。換言之，盧曼
把系統與社會環境間的差異，視爲是前者具
有制度化的運作模式，而後者則無，這套制
度化的架構卻又主宰著社會功能的運作，進
行協調和供需。哈伯瑪斯在某個程度上同意
系統理論的解釋力，只是他不滿意或不願看
到「社會理論」淪爲「社會工程學」，多少
還暗含著對實證主義借屍還魂的警告。盧曼
的系統理論太容易成爲技術官僚的工具，而
缺乏社會理論應有的批判能力和改變動力。

　　盧曼認爲行爲是否具有理性，取決於在
一系列可能的行動和動機中，作出互相關聯
的選擇，我們所參與的是一個意義構成的領
域，它把其他可能性轉化成可操縱的形式，
從而使選擇變爲可行的，而主體性即存在於
這種參與的基本層次中。盧曼反對哈伯瑪斯
把主體的活動看爲是一切意義的根源，相反
的，它取決於一個事先給定的意義系統。主

體的理論必須解釋主體如何依賴於某個範疇
系統來簡化和概括可能性的範圍，盧曼就在
這種簡化了的概括中使用「系統」的概念。

　　延續著傳統以來對技術理性與實踐理性
的區分，哈伯瑪斯認為盧曼已經把社會理論
僅僅理解為是受到社會規範的因果關係支配
的對象，社會關係的複雜化即是工程技術的
複雜化，結果無法正確的認識到人的實踐旨
趣，無法從溝通的關係中確立理性的作用。
說主體的實踐是理性的，亦即他可以知道他
的理性是錯誤的，社會相應地修正他的行
動，主體的行動服從於理想的言談情境，理
想的狀態可能成為社會現實，僅僅是因為促
使各種對於溝通行動的統治和干預的關係，
可以獲得解除。

　　哈伯瑪斯認為理論應該分開為「生活世
界」和「系統」的兩個層次，這兩者的關係
是這樣的：「生活世界的理性化，會使系統
複雜性的提昇成為可能，而且膨脹到生活世
界必須釋放出這些系統的能力；並且在系統

化作為運作原則的領域內，破壞生活世界的
溝通能力」。哈伯瑪斯因此還認為，現代社
會最根本的危機在於生活世界受到系統的宰
制或殖民，而系統即是工具理性伸張的結
果，而溝通理性則仍保存在生活世界這一片
乾淨的土地上。生活世界是以語言作為互動
的媒介，以協調行動者趨於一致性。相反的，
系統只注意到行動功能的有效性，隨著金錢
與權力的介入最終導致物化和文化貧瘠。總
之，哈伯瑪斯贊同韋伯的理解，現代社會的
系統分化是由於理性化的結果，所以不能同
意盧曼片面的將社會演化僅僅視為是系統分
化的結果。

四、為現代性發言

　　一九八二年，哈伯瑪斯又回到法蘭克福
任職至今。陸續的又出版了《道德意識與溝

通行動》（1983）、《溝通行動理論的預備
和補充》（1984）、《新的不透明性：政治
短論卷五》（1985）、《現代性的哲學言
說：十二講次》（1985）、《一種清理弊病
的方式：政治短論卷六》（1987）、《後形
上學思維》（1988）、《追補革命：政治短
論卷七》（1990）　、《文本與語境》
（1991）、《事實性與效力》（1992）等。值
得一提的是《現代性的哲學言說》一書代表
著哈伯瑪斯與「後現代」思潮爭鋒相對的論
戰結果，總結他對歐陸哲學的批判，包括
「尼采繼承人」的海德格、德希達（Der-
rida）、傅柯（Foucault）、巴達耶
（Bataille）等人。

　　這當中有一段插曲：一九八九年哈伯瑪
斯曾替法里斯（Victor Farias）的《海德
格與納粹主義》一書德文譯本寫了一篇序，
參與了對海德格與納粹糾葛的「哲學事件」
之指控。有鑑於當代德國和法國思想界普遍
同情海德格的風尚，哈伯瑪斯並不像阿多諾

只是嘲笑海德格的語言神話是「道地的行話」就罷休，自始至終，他認為我們應該更小心的看待「存有」與納粹背景的親緣性，指責海德格思想對意識形態的支持和缺乏批判性的曖昧，於是「存有的歷史」成了「極權主義的歷史」。對海德格的譴責，間接的演變成對受惠於海德格哲學的法國哲學家的攻擊，並清算和否定任何海德格式批判哲學的正當性和有效性。

　　關於哈伯瑪斯與法國後結構主義者之間的爭論完全是隔岸叫罵，可以比喻作「德國牛肉香腸和法國炸薯條之爭」；雙方只在學術文章中影射批評對方，並未真正有過認真溝通或辯論的機會。不過，哈伯瑪斯與法國後結構主義者之恩怨，事實上是捲進了當代西方哲學一場牽涉層面極廣、參與的哲學家最多的一次思想嘉年華會，也就是我們熟知的「現代性」與「後現代性」的對立。

　　整個事件的源起，應該可以從李歐塔（Jean-Francois Lyotard）於一九七九年

出版他的《後現代情境——一個知識的報
導》一書作為開端，李歐塔在文中激烈地批
評了哈伯瑪斯「整體論」的思想，譏諷他的
理論是「後設論述」或「大論述」，毫無意
義可言，只可視為某種「戲論」或假科學。
當然，李歐塔並沒有在文中直接點名批判哈
伯瑪斯，但是聰明的學者一眼就可以看出矛
頭之所對。

　　敏感的哈伯瑪斯很快就聞到戰火，在頒
領「阿多諾獎」的會上發表一篇尖銳的衛道
性文章，題為〈現代性——一個未完成的方
案〉，以其德國哲學界的傳統來參戰，公開
抨擊並譏諷丹尼‧貝爾（Daniel Bell）的
「後工業社會」為「新保守主義」，而李歐
塔的「反現代主義」是「青年保守主義」，
時年一九八○。這篇文章後來改名為〈現代
性vs.後現代性〉，發表在《新德國評論》，
也就掀起了哈伯瑪斯一連串對後現代思潮的
攻擊，一併把種種冠上「後現代主義」之名
的學說視為「反現代」、「反理性」的情緒

性解讀。

　　爲了這場論戰，哈伯瑪斯接受了法蘭西斯學院的邀請（傅柯還是策劃人之一），於一九八三年三月到巴黎做了幾場專題論文報告，後來再集結他在德國和美國的演說，完成《現代性言說的哲學》這本書。不同於過去向敵對者學習的印象，這是一本鬥志旺盛的著作，全面攻擊當代各個「反啓蒙」的哲學大師，包括尼采、海德格、德希達、傅柯等人，明確的重申溝通行動理論是作爲他維護現代性的堅決立場，對理性的批判仍然是必須在理性主義的偉大傳統中進行方才有出路。

　　《現代性言說的哲學》可以說是哈伯瑪斯與當代後現代主義者在思想擂台上過招的結晶，不幸的是，他的老師霍克海默和阿多諾也在這份被點名批判的名單上，同樣被當做「全面否定現代性」的「尼采繼承人」。在哈伯瑪斯看來，對現代性思想的反動，都可視作是對黑格爾過度成功的過度反應。所

以，後現代主義思潮確實可以從黑格爾以後
做爲起點，其中由尼采所開啓，一條徹底反
對黑格爾的路線，分別開展出：以海德格、
德希達的解構形上學之進路，以及以權力意
志爲反省的傅柯和巴達耶。哈伯瑪斯清理出
後現代思想系譜的根源和流變，逐一批判和
檢討，指明他們對理性的批判是站不住腳
的。對啓蒙的堅持者來說，「破壞性」成分
的思想都兼具了非理性主義和對科學知識的
誹謗，可怕的是，這類學說隱含著專制主義
的胚胎。

　　哈伯瑪斯和傅柯是當代德國和法國最具
代表性的批判理論思想家。一九八三年傅柯
曾倡議與美國的一些學者包括羅逖、泰勒、
德雷弗斯、羅比諾等人召開一個小型研討
會，討論康德一篇〈答「何謂啓蒙」〉的文
章，可惜傅柯在翌年逝世，中斷了這場意義
重大的會面。它造成的最大的遺憾是使得哈
伯瑪斯與法國思想無法獲得直接的對峙，兩
個對立的哲學傳統仍然孤立地朝不同的方向

推進。

　　在這之後，哈伯瑪斯似乎沈寂了一些時間，沒有什麼大部頭的系統論著見世，一九九二年出版《事實性與效力：建立一個以法律和民主法治國家的言說理論》終於打破了沈寂，「法哲學」的研究成了哈伯瑪斯繼續展開批判理論在建制上往前推進的領域，標示著溝通的行動理論往溝通的制度理論方面落實。之前，哈伯瑪斯似乎一直都對法律沒有研究的動機，他對現代社會系統功能的理解，也僅僅把握到政治系統和經濟系統兩方面。即便與盧曼進行過長期的論戰，也吸收了盧曼不少的見諦，但對盧曼特別重視的法律系統在其代表作《溝通行動理論》出版時，法律的問題也只佔極小的篇幅，而且是放在馬克思主義的背景之下來處理，令人費解。

　　經過他對「言說倫理」（Diskursethik）的研究後，加上他又主動地加入當代學術另一場參與人數更為廣泛的論爭中，即關

於「自由主義和社群主義」的爭論，《事實
性與效力》的出版總算補上制度法論的空
缺，代表著溝通行動理論落實到法制成效的
可行性上作考察，而且透過「程序理性」民
主理論的維護，企圖化解自由主義和社群主
義之間不必要的衝突。與前幾次的論戰不
同，哈伯瑪斯這一次做的是「和事佬」的調
停工作，可見他興趣之廣泛和思想之活躍，
不愧是批判理論的堅守者和實踐者。有趣的
是，九六年出版的英譯本書名卻改作《在事
實與規範之間》（*Between Fact and
Norms*），似乎更切中哈伯瑪斯在該書的論
旨。

　　哈伯瑪斯說他受到蘇聯和東歐解體的刺
激，重新思考社會主義所嚴重缺乏的法制體
系，於是完成了《事實性與效力》。這部著
作距離出版《公共論域的結構變遷》恰好三
十年，這些年來哈伯瑪斯努力於哲學的建構
的奠基工作，最於還是回到了他所熱衷的政
治哲學的問題，而他瞭解及吸收二十世紀的

思想成果，最後均展現在《事實性與效力》一書中。哈伯瑪斯始終如一耕耘的「溝通行動理論」，從「公共論域」這個理念型的提出，到「程序主義民主觀」的落實，溝通行動可謂獲得了建制化的成果。

　　哈伯瑪斯認為從十八世紀末以降，「科學、道德和藝術」都分化為不同的領域，在各自有效的觀點下，分別自主的發揮關於「真理、正義和鑑賞」的問題。科學、道德和藝術各自有其代表著不同領域的理性，並分化作獨立的價值範疇，它們是三種不同的世界：科學客觀化態度相應的「客觀世界」、實踐規範態度相應的「社會世界」和審美表達態度相對應的「主觀世界」。現代性的大業即是欲完成對這三種知識領域的統一，目前哈伯瑪斯可以說完成了前兩項工作，所以，要是他成功地將溝通行動理論擴及到審美理論，將能夠考驗他是否完成康德理性的分化和黑格爾理性統一的綜合，即將「科學、道德／法律和藝術」三大領域統一

在言說的溝通論辯理性中。

　　除了他向來所排斥的「審美理論」，他
的理論工作大致業已竣工，至於審美理論的
部份，從他始終如一的排斥態度來看，絲毫
未見有轉寰的餘地，所以我們很好奇哈伯瑪
斯的溝通行動理論是否會發展到美學的部份
去。且讓我們拭目以待。

　　哈伯瑪斯一生努力從事學術理論經營的
成果，普遍獲得高度的肯定，代表著第二代
法蘭克福學派批判理論的擴大和發展，被當
今哲學界評價為最具有體系性和原創性的思
想家之一。事實上，哈伯瑪斯的思想在美國
的風行，更甚於在他的故鄉德國。一九七三
年，他獲得斯圖雅特市頒予「黑格爾獎」；
一九七六年獲德國語言詩歌研究院頒發「佛
洛伊德獎」；一九八〇年又獲法蘭克福給他
「阿多諾獎」。在「阿多諾獎」的獎狀證書
上寫著：「在過去的二十年中，尤根‧哈伯
瑪斯教授經由對實證主義以及系統理論的論
辯性分析，已為人文科學和哲學起了決定性

的貢獻。」毫無疑問的,哈伯瑪斯所遺留下
的驚人成果,必成為下一世紀人文學者努力
給予消化和超越的。

　　按哈伯瑪斯在《後形上學思維》的分
析,當代哲學的四大派別分屬:分析哲學、
現象學、西方馬克思主義和結構主義,這些
派別代表著對「現代」告別的思潮,其特殊
性更多在於思想主導而非方法,概括地說,
他們的思想形態是:後形上學思維、語言轉
向、理性地位的鞏固以及對邏各斯中心主義
的克服。

　　二十世紀哲學帶來的不僅是新的認識,
也帶來了新的偏見。這些思潮在一種對立的
形式中,實現它們對現代性的告別,分析哲
學之自我揚棄和現象學之走向分裂,導致的
結果便是科學化和世界觀化;在西方馬克思
主義猶未喪失其活力的領域內,生產力更加
具有社會科學和專業哲學的特徵;後結構主
義現時似乎是從尼采所激化的理性批判中產
生出來的。與上述的思潮不同,哈伯瑪斯另

關路徑，透過對這些理論的吸收和批判，回到以符號構築的生活世界、溝通行動和言說實踐等相互的主體性聯繫中，保留了理性在各個領域中的作用。不是向現代性告別，而是釋放出現代性尚未窮盡的潛力。

　　哈伯瑪斯歷經了無數次大小不同的學術論戰，我們可以看出他的思想形成與其他思潮之關係；換言之，哈伯瑪斯的思想是現實性的，不單反映了他與時代問題之間所發生的互動關係，更是就在當下考驗和挑戰他自己的觀點，再以之擴大、修正、補充原先的不足。不過，哈伯瑪斯那兩卷本的《溝通行動理論》出版後，就已完成了他哲學體系，其後與其他思想的對話與發揮，均跳離不開他的「溝通行動理論」。

　　綜觀他的思想進程，我們大致可以歸納出決定著他的體系和理論的形成思想淵源和背景的要素。主要的思想背景有：德國觀念論（康德、黑格爾）；馬克思主義哲學（包括盧卡奇、柯爾施、早期法蘭克福學派）；

佛洛伊德精神分析（包括皮亞傑、柯爾堡的
發展心理學）；語言分析學派（奧斯汀、塞
爾、阿佩爾）；實用主義（皮爾士、杜威、
米德）；詮釋現象學（胡賽爾、伽達瑪）。

可以這麼說，哈伯瑪斯終其努力活躍於
學術論壇所做的理論耕耘，是在處理關於
「現代性」（Modernity）的問題。所以，如
何以理性主義的立場承繼啟蒙精神的傳統就
成了他的核心問題，打從一九五六年到法蘭
克福大學以後，「現代性」問題就作為他哲
學研究和繼承的志向。

哈伯瑪斯喋喋不休地與各類思想家過
招，正凸顯他在理論和實踐上的相關性。處
在當代種種發出對現代性的理性主義反對聲
浪中，哈伯瑪斯成了一位少數持久、激進、
標誌最清楚的啟蒙傳統的理性主義捍衛者。

第二章
公共論域

一、現代性的理念型

　　社會並不是依靠其政治組織建立起來
的，其背後存在著這樣的提問：一個社會的
「身份」（identity）是誰賦予的？什麼是
一個社會所必須的，否則不成其為社會，或
者完全變成另一個社會？現代西方社會從具
體的公共領域展開自由民主社會，制度與行
為本身已包含了自我詮釋（self-interpreta-
tion）。

　　'Öffentlichkeit'是一句雙關語，一個意
思是指「公開」或「公眾」，另一個意思則
指「廣告」，暗指在晚期資本主義社會裡，
公共領域也可以是官僚統治公共輿論的媒
介。在這裡則可以譯作「公共論域」或「公
共領域」（public sphere），也可以譯作
「公眾」（the public）或「公共性」、

「公開性」（publicity）。

　　本文將‘Öffentlichkeit’主要譯作「公共論域」，完全符合哈伯瑪斯「溝通論辯」的旨趣，它比較接近‘Public Discourse’的意思，確實是與一般所謂的‘Public Sphere’（譯作「公共領域」）有所區別，「公共性」與「論域」有關，而非泛指常識中的「公共政策」或「公共制度」，翻譯作「論域」，更直接的看出與「實踐言說」的關係。

　　按哈伯瑪斯的意思，「公共論域」是「私人領域」和「公共領域」統合的機制，只有在「公共論域」自我理解和自我批判的意義下，才可能具體的體現為「私人領域」和「公共領域」的自主。把理性與資產階級民主相聯繫，而又不忽視「按照著憲法制度化了的民主觀念，和在實際上實踐化了的民主觀念之間的矛盾」。這是哈伯瑪斯對公共論域所做的辯證性理解。不過，目前學界普遍譯作「公共領域」也不無道理，本文按脈

絡的需要作適當的翻譯，請讀者留意。

　　所謂「公共論域」，指介於市民社會和國家之間進行調節的一個領域，在這個領域中，有關一般利益問題的批判性公共討論能夠得到建制化的保障，形成所謂的「輿論」，以監督國家權力，影響國家的公共決策。

　　哈伯瑪斯認為，公共論域的特徵是非強迫性的參與，在建制化保障之下自由、公開和理性地討論普遍利益問題，促使公共權力合法化。公共論域作為區別專制統制權力言說的公共論域，是具批判性的、無強制性的，因而是以理性的溝通作為根本的原則；資產階級以此原則奠立了社會自我批判的內在機制和標準，作為「理念」或「理想」的公共論域，雖然沒有完全實現過，但還是獲得承認，並貫徹在幾部憲法之中。公共論域是作為既是「類型學」，又是「動力論」，哈伯瑪斯並以「言說論辯」（diskursive）闡述推進。

　　公共論域作爲獨特的歷史條件，與資本
主義社會的形成有著直接的關係。「資產階
級公共論域，首先可以理解爲一個由私人聚
集而成的公衆領域；但私人隨即就要求，以
這一受到上層控制的公共論域反對公共權
力，以便就基本上已經屬於私有化，但仍然
具有公共性質的商品交換和社會勞動領域中
的一般交換規則與公共權力展開論辯」。一
方面，公共論域是介於私人領域與國家公共
權威領域之間的中間地帶；同時，它又源自
於資產階級私人領域中由「私有性」所組成
的部份，「公」與「私」都獨立於國家領域
之外。關於這點，哈伯瑪斯強烈堅持，並視
「私人」爲維護批判的公共言說不可或缺的
條件。

　　迄今哈伯瑪斯仍是在「資產階級社會」
或「商品交換與社會勞動的領域」的意義上
使用'bürgerlich Gessellschaft'一詞的。在這
本題爲〈公共論域的結構變遷〉的任教資格
論文（*Habilitationsschrift*）中，哈伯瑪斯以

歷史形式論證了資產階級社會一項極為重要
的成果，即自由資本主義「資產階級公共論
域」的興起，以及其在晚期資本主義的理性
化歷程。

　　公共論域，以現代公共生活系統及其相
應的原則出現，與十七、十八世紀資產階級
對抗封建專制主義制度的統治聯合在一起，
以體現言論和集會自由、司法公開審判、質
疑國家公共輿論的合法性問題等等。在來自
新興階級公眾的壓力下，「言說論辯」被當
作新文明秩序的組織原則，因而把作為演化
過程的公共論域，理解為使「言說論辯」成
為一種決策原則，並逐步獲得系統化和普遍
化的動力。因此，資產階級為公共生活所進
行的鬥爭力求在市民社會裡確定一個介於國
家機器和個人及家庭私人之間的場所或空
間。

　　國家的強制性權力是公共論域的對手，
所以，公共並非指經常以「公共」為名的行
政管理職能。國家權力的行使屬於公共性的

民主，公共論域把對政府施以建制化的影響
透過立法形式來完成。因此，立憲的政治秩
序是公共自主領域發展的具體成果，只有在
這個意義下，國家的統治權力才可能轉化為
合法的機制。

　　新興資產階級公共論域的場所如法國的
「文藝沙龍」、英國的「咖啡館」、德國的
「餐桌社會」等大量湧現，它的發展不僅僅
是受到販賣新聞的地方政治性報章雜誌的出
現所推動，在這些體現輿論的場所中，按資
產階級公共論域的原則，所有公民都保證享
有發表意見的權利。事實上，公共論域最值
得注意的方面還是在於它產生自每一次的
「交談」，在公共的交談中，個人集合成一
個公共團體，公民在以一種無拘無束的方
式，保證有集會和結社，以及發表意見的自
由，談論著他們普遍感興趣的課題。透過報
刊、書籍、雜誌等傳播媒介與自由的交談，
即形成輿論，它將特殊的與普遍的利益關聯
起來，表現了公共論域的內在精神。

「輿論」首先被視爲理性的公開使用，即表現公共生活的發展結果，它透過一批在政治上有能力和社會上處於平等地位的公民的聯合，堅持認爲有權非正式地和正式地以選舉的方式交換意見，從而使國家機器及其神秘的政策受到理性的公開考驗和批判性的監督。公共生活具有「一種明顯的公開性」（Demonstrative Publizität）。有趣的是，資產階級公共論域根源於「私人領域」（Intimsphaere），即作爲與公共領域區分開來的私人領域，私有化了的資產階級個人，與公共生活連結起來形成公開的、理性的、批判的「公共意見」的基礎，分化出「統治宣稱」（Herrschaftsansprüch）和「權力宣稱」（Machtansprüch）兩種不同的範疇：「透過限制主權（主權意即等級的「自由」）在交換經濟學基礎之上無法實現分權——對於資本主義意義上的財產私法支配權，甚至沒有什麼政治色彩。市民階級是一些私人；作爲私人，他們沒有統治權。」

　　因此，他們向公共權力提出的權力要求，並不是要將必須分開的統治權集中起來；相反的，他們破壞了現存統治原則。資產階級針對這種統治原則提出了控制原則，而公眾想要改變的就是這種統治本身。公開討論過程中提出的「權力宣稱」，當然得放棄一種「統治宣稱」的形式，它要想貫徹下去，就不能僅限於變換一種原則上仍堅持統治的合法性基礎。哈伯瑪斯留意到，談論公共論域是不可能將架構公共論域的私人省略的，現代社會的形成與個人化的權利和批判是不可分割的。

　　私有化個人與公共論域之間有一種「虛構的同一性」。私人的古典意義是指切身所需，資產階級透過公共論域所獲得的實質性需求，主要源自於私人；公共論域要求的是合理的「權力規定」，私人則訴求「自由的主體性」。私人即是形成群體的公眾，公眾又源自於個別的私人。作為個人（homme），又作為布爾喬亞（bourgeois）；前者是私人領域，後者是公共論域。

在這裡，公共輿論的自我理解構成了一個不可分割的整體，私人的物質旨趣與個體的自由旨趣完全獲得一致，如哈伯瑪斯所指出的：

商品交換打破了家庭經濟的界限，就此而言，家庭小天地與社會再生產領域區別開來了：國家與社會的兩極化過程在社會內部又重演了一遍。個人將商品所有者與家庭中的父親、物主與「人」的角色完全結合起來。私人領域在更高內在層面上的擴張構成了上述雙重角色，在「個人」這個共同名義下趨同的基礎。資產階級公共論域在政治層面上的自我理解，最終也要追溯到其中。

私人化社會是一個不能廢除的領域，資產階級的公共論域滋生於此。哈伯瑪斯之後論及生活世界作為文化再生產和建制化的載體時，特別還強調它反撲系統殖民所可能釋

放出來的潛力。因為現代資產階級社會的權
力存在於私人領域，所以才會有所謂的「公
共」，這個私人領域是在國家與社會的基本
關係中成為個體，透過參與公共事務而形成
公共的批判空間，經由溝通論辯的方式產生
出輿論的機制。

　　「私人性」的要素，表現了資產階級公
共論域的微妙之處。資產階級個體乃是私人
個體；而作為私人個體，他們並不實施「統
治」，因此他們針對公共權威所提出的個人
權力宣稱，並不以反對權力集中、要求分享
權力為依歸。相反的，他們的思想所針對的，
乃是支撐著既存權力的「原則本身」。什麼
是「原則本身」？權力合法性問題的提出，
並不是以何種意識形態替代何種意識形態的
做法，資產階級所關心的只是既存權力原
則，如何處置私人財產問題，以獲得基本的
自主性；相對之下，既存的權力原則或舊有
的統治權威以此為由因而遭到限制，政治權
力的分配改變以程序公開為原則，以監督的

方式轉化權力性質。

　　公共論域這一範疇的發展是建制化與社會變遷的重大動力。它一部份是針對專制統治權力做抵抗，一部份是以理性和批判進行世界觀的自我改造運動。從歷史社會學著眼，「公共論域」之於哈伯瑪斯，猶如「新教倫理」之於韋伯，是爲歷史社會學研究的理念型；從知識社會學的進路來看，哈伯瑪斯的「公共論域」旨在襯托他對當代「晚期資本主義合法性危機」的批判，一如韋伯的「新教倫理」是藉以賦予「資本主義精神」一個賴以立足的歷史構成要素和說明，並構成對當代社會工具理性的質疑。事實上，歷史重建的工作並非哈伯瑪斯的興趣所在，他反倒是想在具體的現實成果中爲批判理論謀求出路，展開對公共性哲學的討論；他也並非要像馬克思那樣，想建立某種意識形態理論的批判和權力言說，而是從批判的知識社會學（Wissenssoziologie Kritik）展開對現代社會的合法性問題，奠定公共論辯的理

據。

哈伯瑪斯與批判理論家前輩同樣意識
到：我們本身的努力和社會條件所加諸於我
們的限制之間，存在著若干的緊張關係。而
且，正是因為如此，「理論」的角色更應該
去突顯這種似是而非的狀態，以便我們能夠
去追求自由和解放的渴求。霍克海默說：

> 現代之所以有批判思考的出現，乃在於
> 人們正努力去超越一種緊張狀態，並試圖解
> 除個人的目的性、自發性、理性和社會賴以
> 建構的工作過程關係間的對立。直到這些對
> 立被消除後，批判理論才會在人與其自身相
> 衝突中形成人的概念。

即使意識到這些困擾的存在，批判理論
家似乎也無可奈何，雖然批判理論的工作被
認為是在達成解放的、追求自由的政治行
動，但是，到底有那些機制和制度條件會去
促進或阻礙此種行動或實踐，同樣成為批判
理論的理論困境。

　　前輩思想家以「理性化即物化」的悲觀結果作為批判和否定現代社會的總結，哈伯瑪斯自覺到應該超越這個困境，有必要走出黑格爾主義的精神現象的邏輯學那種強調歷史哲學思辨的主張，回到啟蒙、回到康德式的批判，即「公開應用自己理性的自由，唯有它才能帶來人類的啟蒙」。因此，哈伯瑪斯不是以一個「主義」替代另一個「主義」，不管它是辯證的或其他的方式，而是經由公共論域的自由和批判展開「主義」與「主義」之間的公平競爭，唯有這樣才不致於落入批判理論自相矛盾和沒有出路的窘境。

　　為避免批判理論的理想被掏空，「合法性」的問題將以理性、自由、公開論辯的方式，作為現代社會生活批判權力的依據，而不是提出以某個「主義」批判或取代某個「主義」，但是它的前提必須是，論辯合法性的問題能夠且可以合理的、充份的給予展開，公共論域這樣的「理念型」也就呼之欲

出。因此，不是某個「主義」，而是作為各
種「主義」與「主義」之間相互競爭的「論
域」，在確保理性和自由中，維護團結一致
和批判權力宰制的合法性才是具有普遍性
的。問題是：公共論域作為現代社會的合法
性基礎是否充份？

二、理性的公開運用

　　康德把現代性哲學看作是對「啓蒙」
（Aufklärung）的追問。他認為：

　　如果自由得到保障，啓蒙幾乎肯定會隨
之而來。因為總會有一些獨立的思想者，甚
至在大眾那些現行的監護人間就有這樣的
人，在他們解除了自身的依賴監護之軛後，
將為一種理性精神做好準備，這種精神既尊
重自己也尊重他人獨立思考的價值與稟賦。

特別是在這樣的情形裡：最初被這些監護人
置於那種軛下，並且後來一直被迫不能擺脫
它的公眾，當他們的某些監護人發現並非所
有的監護人都有能力引導啟蒙之時，已被這
些（啟蒙了）的監護人激發起來獨立思考。
培植偏見（Vorurthelle）是如此有害，因為
這些偏見到頭來會報復那些發現自己或他們
的前輩曾是這些偏見始作俑者的人。因此公
眾只能緩慢地達到啟蒙。一場革命可能會顛
覆個人獨裁、貪婪或專橫的壓迫，卻永遠不
會帶來一場真正的思維方式的改革，新的偏
見將會同舊的一般主導著不思想的大眾。

　　既然連一個可能會顛覆專制壓迫的革
命，未必帶來普遍的啟蒙，那麼，在怎樣一
種環境才會對啟蒙更有益呢？隨即康德對理
性的使用作了一個重要區分，據他的理解，
理性應分為「公開的」（der öffentliche
Gebrauch）和「私下的」（der Privatge-
brauch）兩種，「私下的理性是指一個人在

某個委託給他的民政職務上運用他自己的理性」，「公開的理性是指一個人作為學者面對讀者公眾運用他自己的理性」。「理性的公開使用」是以「深思熟慮」和「善意的」方式與人分享，康德還深一層的考慮到，在更大程度上的政治自由似乎有益於人民的精神自由，然而也給它設置了不可逾越的界限，更低程度上的政治自由則與此相反，為精神盡其最大的潛能，擴張自身提供的空間。這意味著政治上的自由總是伴隨著政治上的實際可行性與社會責任，當政治上的自由擴大到自然與人性所能允許的極限時，思想和實踐之間的差距就減少到可能有的最小程度。無疑的，理性在政治與道德之統一方面代表了中介的能力，而理性正是批判的能力。

介乎政治與道德之間，哈伯瑪斯從康德那裡得出「公共性原則」，即對於絕對統治所進行的理性和批判的公開論辯。公共論域體現「公共性原則」為兩方面：一是批判功

能，一是言說論辯。就批判功能而言，資產階級並不是泡在咖啡館裡清談和交際，而是關心攸關自己商業利益和權利的公共及公開的議題，他們是站在理性的立場辯解對公共生活權力的合理對待，與之相對抗的即是國家的統治權力；言說論辯則是指語言不受到公共權威的干擾，把言論的發言交付公衆去處理，例如出版、結社、聚會等方面。權力，作爲公共論域存在的內在本質，就在這兩方面展開。

　正如政治學者漢娜鄂蘭（Hannah Arendt）所言：「政治權力無須證明爲合法，它是政治社群（或公共領域）存在的內在本質」，行動主體在互爲溝通的開放、自由的空間形成整合的作用，這意味著只有免於支配的多元性實踐才是公共論域的基本條件，換言之，也只有在政治實踐的公共生活中，才可能對「自由」有所體認。哈伯瑪斯所說的公共性就在於溝通和行動可能性中，與漢娜鄂蘭所言的相同：

　　所有出現在人類社群中的必要活動，只
有兩種被視為是政治的，並且組成亞里斯多
德所謂的「政治生活」，它們是「行動」和
「言說」，兩者是展現於人類事物的領域，
並且除它們之外，所有其他的活動，充其量
只不過是一種需要或有用而已。

　　哈伯瑪斯把現代社會的批判機制歸結為
資產階級公共論域的出現，並非表示現代社
會的合法性和批判機制等於資產階級社會。
公共論域本身所展開的公共性，即在於「公
眾運用其理性於公共事物的討論」之中，亦
即「在公共討論中民眾以互為主體性的方式
進行批判性的討論，形成自己的意見」。公
共性不是一個實體的抽象概念，它是一個在
言說論辯中有待展開的行動。

　　作為實現一種政治權力活動的理性化，
社會政治權力的活動是在相互競爭的組織中
進行的，在相互的競爭中承諾開放性，在組
織和國家之間的交涉中實行公共性。

現代社會的權力透過政治公共論域的溝
通論辯，把國家合法性的根據從「神聖性」
轉變成「共識性」，從「契約權利的讓渡」
到「公共論辯的認可」。和宗教神學共識的
勢微一樣，國家權力也失去其神聖性支持，
社會「集體的統一性」只能經由「溝通社群
的統一性」中獲得，換言之，公共論域的共
識是獲取並維持其權力的合法性的唯一依
據。現代社會的誕生，與公共性原則的出現
有關，它標誌著現代社會的世界觀與權力圖
像的轉變。

中世紀的「神義論」（theodicy）經解
除魔咒後，世界剩下的是構成其合法性的
「人義論」──理性和批判的互為主體關
係。哈伯瑪斯正確的留意到，黑格爾是第一
位自覺到並追問現代性哲學合法性問題的哲
學家，而且是將其與市民社會的興起放置於
同一水準上的哲學家。

公共性哲學是一種批判地參與的公共論
述（public discourse）。論辯構成政治生活

的真正本質，公共使論辯成為可能以及合法。「公共」是指當社會成員都普遍地關注某些共同普遍都應獲得關心的事物時，這些事物就具有「公共」的性質。事物之所以是公共的，並非說它是純然的客觀存在，或者為我們所觀察得到的，當這樣的事物與社會整體或屬於社會共同利益有關的事物時，才算作是公共的事物。再者，透過社會整體活動性質組織成形的相關組織建制，與公共的事物產生了其相關的集合作用，那也算是「公共」，如行政機關、立法機構等政治結構。上述的情況充其量只能算作是「公共領域」或是公共權威，還不足以構成「公共論域」，因而除此之外，必須進一步的指出「公共輿論」（öffentliche Meinung）的重要性。

　　哈伯瑪斯強調，「輿論」是指公開並獲得制度合法之保障的言論之發表，當私人能對生活社群的制度合法性表達自己個人不同的見解和論點時，公共領域才成之為公共論

域。輿論雖然來自於私人的意見，可貴的是
它將自己表達為社會的意見，而且並非透過
官方的、建制的、層級的意識形態機關來闡
述。換言之，要使一種意見成為嚴格意義的
公共輿論，關鍵是要得到「普遍承認」。

　　公共領域之為公共論域，在於對社會建
制的權力是透過公共輿論來展現其力量並獲
得認可，而且，透過廣泛、公開的參與論辯
和商討，社會成員又普遍地承認它是我們之
間的共同意見，這才算得上是公共輿論。哈
伯瑪斯研究發現，資產階級社會可以將自我
調節的經濟和公共輿論置於政治組織以外達
到某種統一和協調的途徑，自由與秩序獲得
維護，公共論域因而增進了其合法性，現代
社會的成果也由此確立。

　　哈伯瑪斯說：「公共輿論若要成之為公
共輿論，那就必須首先預設一群有理性能力
的公眾存在。圍繞政治權力之運作而展開的
公共討論具有一種批判的意圖，它得到了制
度上的保障。」公共輿論是一項屬於公眾的

監督性原則，在這原則下，要求程序公開的
理性原則，權力在此表達作一種「正當改變
權力的手段」，而不是以一種意識型態取代
另一種意識型態，或暴力奪權。也就是說，
現代社會的權力是「合法的權力競爭」，不
是以一種合法性去取代另一種合法性。

　　公共論域的公共性原則給現代社會的合
法化問題取得了公開、理性、論辯的特質。
程序公開的原則不是什麼抽象的概念，公共
輿論體現了監督原則的合法化，透過公共討
論也就將社會權力予以理性化。在觀念上，
「統治的權力」轉變爲「理性的權力」，公
共的利益成爲衡量權力的尺度。所以，現代
社會「在公共輿論的自我理解中，公共論域
即是一個不可分割的整體」。

　　作爲公開和開放的原則，哈伯瑪斯設想
公共論域的理想性時就考慮到所有的人可以
共同參與理性的論辯，它的合法性即在於它
以一種普遍可接近性（allgemeine Zugäng-
lichkeit）爲原則。資產階級公共論域以財產

和教育的限制或區別為由，把特定團體排除在外，所以嚴格說來它還算不上是真正的公共論域。再加上不是全民參與的結果，也就不能算作是真正的公共輿論。就這個觀點而言，哈伯瑪斯批判了代表著當時資產階級思想意識形態的自由主義學者，如彌爾和托克維爾等人的主張，認為社會如果僅僅交由精英分子來主導，事實上是違反了自由主義原先的主張，在精英佔有顯著領導和影響之下，意見表達和影響力的公平機會也就不復存在。代議制或代表制是一個社會層級分明的權力關係，這明顯與真正作為公共論域和公共輿論而存在的現代社會的意涵仍有一段距離，換句話說，資產階級公共論域──「代表制的公共性」，是一個成了問題的概念。

　　只有當政治權威的運作有效地受制於全體公民，並達到全體公民皆能獲取訊息的這一民主要求時，政治的公共領域才能透過立法機構，對政府施加制度化的影響。公共論域在建制化中行使其公開批評與監督的權

力，程序公開化使得公共輿論得以施展。換
言之，公共輿論與社會建制之間有某種微妙
的關係，雖然公共領域是介於國家與社會之
間作為調解批判和權力言說的「論域」，其
結構性規定與其功能的展開密切有關。公共
性與社會權力的系統結構一直和輿論的問題
關係密切，尤其是在說明特殊意見與普遍意
志的方面，用哈伯瑪斯的話來說，即是意見
與公共輿論之間的差異、衝突與協調的問
題。

第三章
合法性危機

一、晚期資本主義的危機

　　一九七三年，哈伯瑪斯出版《晚期資本
主義的合法性問題》，一九七五年英譯本以
《合法性的危機》爲題出版，主要環繞著
「危機」、「合法性」、「晚期資本主義」
這幾個概念展開論述。在該書中，哈伯瑪斯
企圖以「合法性危機」取代馬克思的「階級
經濟統治的危機」，或是韋伯的「制度結構
的合理性危機」，因爲當代社會遭遇的「危
機」，是晚期資本主義制度發展所造成的，
這種制度對社會的整合、群體的認同和個體
的發展都造成了危害，就這個意義而言，哈
伯瑪斯說出現了所謂「合法性的危機」。

　　「合法性」是哈伯瑪斯分析晚期資本主
義社會最重要的概念。受到奧菲（Claus
Offe）《資本主義國家的結構問題》的啓

迪，哈伯瑪斯將晚期資本主義社會分為社會
──文化、政治、經濟三個次級系統，與之相
應的規範性系統是：生活的文化形式、國家
機器和經濟生產關係。社會──文化系統、政
治系統、經濟系統之間存在著互動的關係，
其中以政治系統居於樞紐地位，作為合法性
危機理論的重心，合法性危機又與因社會
──文化系統所導致的誘因危機，構成所謂
的認同危機。

　　因著經濟系統產生了弊端，如市場的反
功能、公平交換的意識形態破壞等，必須藉
由政治系統的介入使生產關係政治化，所
以，也漸漸的違背了早期資產階級的意識形
態，如公民參與的權利、民主程序的正當化
等形式都被犧牲了。取而代之的是精英決
策，只訴諸表面手段的「喝采式」忠誠，傷
害了其合法性的基礎。合法性危機的基礎是
「動因危機」，也就是說，合法性危機的基
礎是國家和企業系統所提出對於動因的需
求，和社會文化系統所提供的動因之間產生

了矛盾。換言之，政治和經濟的系統必須獲
得社會文化系統的支持或滿足，才得以克服
了危機的問題。

哈伯瑪斯強調，一種政治秩序的合法性
往往體現在另外兩個要素：社會──文化公
共論域為國家的合法性提供自覺的論證，以
及公民對政治秩序的信賴和忠誠。合法性積
極體現在它的整合性功能上，而整合又包括
系統整合和社會整合。韋伯把合法性的來源
分成三個：傳統型、超凡領袖型和理性立法
型，現代社會的特性就在於它被理解為理性
的社會，所以現代社會最清楚的標誌即是
「理性」，理性的社會意味著與「認可的政
治」有關。基本上，哈伯瑪斯的論述沒有超
過韋伯的論點，他對合法性（Legitimität）
一詞的使用沿自韋伯。有的人將Legitimität
譯作「正當性」，為的是與'Rechtfertigung'
（「合法性」）區別。哈伯瑪斯對「合法
性」解說是：「合法性是指對被認為是正當
和公正的，對於政治秩序的判斷存在著健康

的討論；一種合法性秩序應當被承認。合法
性意味著一種值得承認的政治秩序。」

　　把「合法性的基礎」與「統治的建制
化」分別開來還不夠，哈伯瑪斯又區別「合
法性」和「合法化」的不同：合法性
(Legitimität) 理解為一個政治秩序被認
可的價值，合法化 (Legitimationen) 則理
解為用來證明合法性要求是好的；前者是將
合法性的宣稱，與某種規範決定了的社會同
一性的社會一體化之維護相聯繫，後者則是
去表明現存制度是如何、以及為什麼適合於
透過這樣一種方式去運用政治力量。「合法
化是否可信服，是否會被認可，自然依賴於
經驗動機，但經驗動機亦非獨立地形成，它
的形成有著合法化自身可規範式分析的證明
力量之影響，更確切的說，經驗動機並沒有
獨立於合法化的潛能，並沒有獨立於可動員
起來的基礎或理智。那種作為理智而被接受
的東西，那種具有產生交互作用之力量，並
因此而形成動機的東西，依賴於給定境域中

要求的證明水準」。

按哈伯瑪斯的說法，「危機」原是醫學的用語，自馬克思以降「危機」的概念就廣泛地被社會科學所使用，像經濟危機、社會危機，就是在這個背景下提出來的。當代對「危機」概念的使用主要受到系統理論的影響較多。

危機，是陷入危機者的主觀意圖所解決不來的。病人之所以面對疾病這個客觀狀況無能為力，是因為病者是一個絕然被動的主體，而且暫時地喪失了成為一個擁有能力的主體之可能性。「危機的概念是與客觀暴力剝奪了主體在正常情況下所擁有的那一部份自主權利的概念聯繫在一起。把一個過程理解成危機，就是不明確地賦予這個過程，以一種標準的含義：危機的解除，能使被束縛的主體獲得解放」。

所以，我們必須自覺到，即主觀上涉入這個過程，才能算稱得上是「危機」。系統論對於危機的定義，只留意到其結構功能的

因素，對於那些系統控制能力負荷過重的內部因素，則未詳加考慮；換言之，系統變遷除了適應環境外，其應然價值改變的部份，即社會成員的社會認同，真正構成危機的部份被忽略了。哈伯瑪斯所謂合法性問題，即是以系統理論為框架，針對主觀條件的問題提出的，即當一個社會缺乏普遍認同的基礎時，正是表明社會系統危機的極致。

與各系統之間的關聯中，危機的種類又包括四種：「經濟的危機、合理化危機、合法性危機和動因危機」。經濟系統的危機是指未能生產恰可供應消費的價值；合理化危機指行政系統之決策不合理；合法性危機是指合法性系統未能提供必要程序之普遍動因；動因危機指社會文化系統未能提供必要程度之有意義的行動誘因。

對哈伯瑪斯而言，晚期資本主義的危機既不是管理形式的改變，也不是缺乏合理性，而是一個制度缺乏必要的動因所造成的困難，只有社會──文化領域發生的危機才

有其自身的根據，而且，這些危機又是無法
省略掉或者用行政方法加以改變的。就因為
這樣，哈伯瑪斯不像霍克海默、阿多諾、馬
庫色等人停滯在對工具理性的批判，因此當
代資本主義社會不是工具理性或系統出了問
題，應該研究的是：究竟在什麼樣的「動
因」之下，這些系統領域或工具才獲得支持
和認可？

　　晚期資本主義社會文化系統的特徵有兩
項：一是公民的私人利益，一是家庭和職業
的私人利益。公民的私人利益是指，不怎麼
關心、也不願參與行政系統的意志形成過程
的情況，對管理和供應工作產生愈來愈大的
興趣，只要求行政系統盡其生存照顧的職
能；亦即非常注意輸出方面，卻很少注意輸
入方面，因此公民的私人利益與社會的非政
治化的結構是相一致的。家庭和職業的私人
利益和公民的私人利益是相輔相成的，家庭
和職業的私人利益，產生於具有高度消費興
趣和休閒喜好傾向的追求，產生自成就取向

的社會競爭，並享受於滿足，這種私人利益
和管理生產競爭的教育和企業系統的結構是
相一致的。按照資產階級的意識形態，追求
個人成就等於有意義的行為誘因，社會就根
據個人努力的成就進行分配，等價交換的系
統市場會自行的調節。

　　現代由國家管理的資本主義發展充滿著
矛盾，或說蘊含著危機，「晚期資本主義」
這個詞正說明了這個明確的論點。哈伯瑪斯
想透過合法性問題追問：「晚期資本主義」
是否仍然像古典即競爭性資本主義一樣，也
遵循著同一個，或者自身具有破壞性的社會
發展模式？或者換一種問法：「晚期資本主
義」的組織原則是否發生了變化，因此，積
累的過程再也不會產生危及現存社會的問題
了呢？

　　事實上，哈伯瑪斯想藉由對這個問題的
處理，來修正馬克思所理解的資本主義社
會。資本主義已發生了巨大的變化，以致於
再也不能根據馬克思革命理論的兩個關鍵範

疇：階級鬥爭和意識形態，加以運用。他認為，革命的前景因而也就不復存在，動搖了馬克思的危機理論；馬克思那樣對資本主義發生變革的預言已不再能夠成立，至少以剝削和價值學說為基礎已不再能夠負擔起對現實狀況的分析；對於當代資本主義的新發展，從一種非政治的秩序，即生產關係中，當然不能推導出合法性的強制性要求問題。那麼，晚期資本主義社會變革的條件又是什麼？

　　受到生產方式的制約，即透過衝突的政策說明，漸漸地，晚期資本主義社會不再帶有這樣一種明顯的局限性，因而對制度造成的危害也就縮小。在國家調節的資本主義中，政治統治隨著抵禦對制度的危害，本身包含一種維護分配者的補償部份的興趣，要求國家統治的制度干預，保障社會安全和個人發展機會的穩定條件，形成結構維持制度的功能任務，愈來愈將私有的經濟形式與公民的忠誠結合起來，這種興趣凌駕於實際的

階級界線之上。

二、國家的合法性

　　當代資本主義發展到組織化的資本主義，或是由國家調節的資本主義，其中涉及到兩種現象：一是資本集中，二是國家干預。企業集中和流通商品的過程、資本和勞動市場的組織化，都逐步擴大成大型企業體或跨國公司集團，這意味著競爭性的資本主義慢慢在萎縮中，已接近於市場控制和壟斷；再者，國家對日益增長著的市場職能漏洞的頻頻干預，意味著資本主義的自由嚴重受到限制。哈伯瑪斯認為：

　　既不能把晚期資本主義國家所發揮的職能方式，理解成是按照始終自動自發起作用的經濟規律非自覺的執行制度模式進行的，

又不能理解成是按照聯合在一起壟斷資本家
有計畫行動代理人的模式進行的。

　　晚期資本主義面臨著兩種困難，而且，
這些困難又是在這樣的情況下產生的：市場
的職能出了日益嚴重的問題，而國家又必須
去解決這些問題。我們可以把國家理解成為
擁用合法權力的一種制度。國家的輸出
（output）產生於最高行政當局的決策中，
因此，它需要社會成員對它那種盡可能不那
麼特殊誠心誠意的輸入（input）。輸入和輸
出都可能造成破壞性的危機，輸出危機具有
理性危機的形式，行政系統無法完成它從經
濟系統那裡接受來的指導作用，於是生活領
域發生混亂；輸入危機具有合法危機的形
式，合法的系統無法維持它要求群眾表現的
那種忠誠。關於危機，就是國家活動擴張產
生的一種後果，就是合法性需求不合比例的
增長。

　　哈伯瑪斯認為，國家調節的資本主義各

部門中的形式民主政治，受到合法性要求的
制約，這種制約不可能透過前資產階級的合
法性形式加以抵銷。一種相應的原則已取代
了平等自由交換的意識形態，這項原則的根
據不是市場經濟體制所產生的社會後果，而
是國家對於自由交換的破壞性作用所做的補
償活動；它把資產階級按勞計酬的意識形態
因素，和對福利的承諾連結起來。國家有義
務來防止由於發展帶來的風險，要求國家施
展技能的干預也就變得必要，相對的則以限
制個人權利爲代價。這項原則排除了實踐的
問題，因而也排除了接受似乎只是和民主意
志的構成相關聯的標準討論，最後，實踐的
問題被犧牲，政治成了一個只是考慮到如何
保障制度穩定發展的技術作用。

　　國家調節的資本主義把社會群衆的忠誠
與非政治形式的社會補償緊密結合在一起，
社會制度的穩定保證了民衆對解決實際較好
和美好的生活問題不感興趣。這種制度所依
賴的合法性基礎，從哈伯瑪斯看來，是非常

虛弱的。獲得這種合法性手段幾乎是消極
的，而不是積極的，因為它把廣大階層的興
趣轉移到個人領域，將制度必需的輿論非政
治化，而不透過提出實際的目標或實質的民
主形式的這種制度，因此，意志的形成也徒
具民主的形式。這正是晚期資本主義的合法
性危機。

　　因此，合法性是指行政計畫需要擁有合
法的權力，危機即是對此合法性基礎的質
疑。晚期資本主義國家機器所擁有的職能，
和其採用行政手段所創造社會物質財富的擴
大，已超過了合法的需求。在日益增長的合
法性要求下，必須用政治民主的選舉手段使
其得到滿足，國家機器不應只看到資本家這
個群體中不同團體的各種不同利益，還必須
考慮到社會成員的普遍利益，並把這種利益
維持在必要的程度上，以避免群眾對國家的
忠誠降低，以致引發衝突，使國家失去合法
性的支持。所以，國家應該消除資本家個體
的利益、資本家整體的利益和社會成員的普

遍利益這三者之間的界線，透過競爭的方
式，來開闢一條達到協調的途徑。

　　然而，國家可以成功避開合法性的問題
嗎？哈伯瑪斯發現，當代思潮中存在著這樣
的一種看法，認為把表現性的符號象徵，和
管理的工具性職能分離，就可以使國家避開
合法性問題；意思是說，就此能使行政系統
不須依賴於合法意志的形成。例如，按盧曼
的說法，政治系統承受的任務是「規劃意識
形態」的職能，用種種命題去合法地、有效
地建立起輿論，將其中的論證問題加以拋
置。哈伯瑪斯則反對這種說法，他指出，如
果這種合法性的方法被識穿，這種合法性的
獲得本身就是破壞性的，極易造成意識形態
本身的虧空。因此，要解決合法性虧空的局
限性問題，還是必須將存在於行政系統和文
化系統這兩個領域的差異結構區別開來，透
過兩者之間的辯證方式來解決問題。

　　哈伯瑪斯重申，一種生產方式的優越
性，必須根據它在一切社會領域中決斷過程

的民主化空間來衡量。晚期資本主義的危機在於它不能解決合法性的問題。在晚期資本主義中，國家機器能夠提高勞動生產率、能夠分配生產所得，使經濟成長得到保障，整個社會就按照這種增長的優先性來進行，但是這種優先性的出現卻可以與社會成員的普遍利益沒有依存的關係；這種優先性模式產生於潛在的階級結構中，即「私人富、社會貧」這樣的潛在階級結構，這正是合法性虧空的原因。我們可以看到，國家不能簡單地採取壟斷的手段來掌管社會文化系統，國家機器領域的擴張勢必造成文化現狀出問題。不斷增長的要求，與不斷增長的合法性的需求，是成正比的；缺少合法性之處，國家應由與之相一致的系統補償來解決，一旦對於與系統相一致的補償的要求，超過了可供使用的價值的量，就會產生合法性危機；或者說，如果人們提出的願望不能用與系統相一致的補償來加以滿足，就會產生合法性危機。

　　一個真正的公共生活，強調參與、基於
普遍之平等機會，參與意志形成的言說過
程。現代社會的特質體現在社會——文化系
統的理性化，隨著自我反思和批判意識的增
加，人對於各種規範或合法性事務的識別和
選擇能力也就增加。哈伯瑪斯在追問意志形
成的合法性問題上，與建立一種批判的市民
社會有著密切的關係，當代國家的合法性必
須建立在此公共論域的競爭性中，只有透過
社會整合，主體與主體間的理性和常態溝通
互動才可能。如果我們把社會——文化系統
理解為是一個不受到政治控制的公共論域，
那麼，哈伯瑪斯以後積極建立起溝通論辯的
行動理論，即是作為消弭晚期資本主義合法
性危機的出路。

　　晚期資本主義社會雖然保留了形式主義
的民主，但是，它可以被一個保守的、但有
威信的福利國家的其他形式的民主取代，也
可以被一個具有法西斯權威的國家的其他形
式的民主所取代；相應於社會——文化系統

所要求的，這種訴諸於政黨政綱來競爭的形
式主義民主，已無法滿足社會成員的要求，
即造成從種種的困難中作出危機的解釋。總
之，當社會──文化系統無法隨意滿足行政
系統的要求時，合法性的危機就存在於此動
因的危機中。

第四章
行動的邏輯

一、承認的鬥爭

　　「回到黑格爾」似乎是當代馬克思主義學者的共同呼聲。一方面是想擺脫共黨教條化的馬克思主義，一方面是想恢復馬克思哲學的思想根源，尋找馬克思主義哲學的發源地。然而，與西方馬克思主義不同的是，哈伯瑪斯回復對黑格爾的研究，不是要深化馬克思理論的基礎，而是要越過馬克思，嫁接上康德批判哲學的傳統，以克服近代主體哲學的危機，為理性謀求新出路。

　　〈勞動與互動：黑格爾耶拿時期精神哲學的評論〉是一篇關鍵性的論文，代表著哈伯瑪斯基本思想架構的確立，以後他的哲學發展都離不開這篇論文中對「勞動」與「互動」所做的動態區分。例如，重建韋伯的理性化命題時，「工具目的理性」和「符號互

動」的區分，批判馬克思時所做的歷史唯物
論重建劃分「生產力」與「生產關係」，甚
至到了溝通行動理論的建構，行動層次區分
作「行動導向成功」和「行動導向達成理
解」，以及在社會層次中「系統」和「生活
世界」的區分，都可以看作是從黑格爾對
「勞動」與「互動」的區別中給予展開的結
果。總之，黑格爾耶拿時期的作品成了哈伯
瑪斯理論建構的歷史起點。

　　我們不必驚訝，這裡的黑格爾已不是我
們所熟悉的黑格爾。哈伯瑪斯在〈勞動與互
動〉一文中所分析的黑格爾是策略的重構性
解讀，目的在於「引伸」他辯稱「重建」的
意圖，意指「把一理論拆開來，再以一種新
的形式組合起來，以作為更完全達成理論原
本替自己訂定的目標」。換言之，哈伯瑪斯
採取了激進的詮釋手段，解讀黑格爾不止於
正確理解黑格爾，詮釋意味著批判，所以經
由批判／重建的黑格爾，轉過來批判／重建
其他的思想。哈伯瑪斯沒有興趣於成為黑格

爾專家,而是要在自己的思想旨趣中創造並
發揮他的哲學遺產。

按哈伯瑪斯的說法,在〈耶拿手稿〉裡
面,黑格爾所說的「精神」,指的是精神的
形成過程中的這樣一種精神,把它當作是一
個有待解釋的現象。哈伯瑪斯引文說:

> 精神是一個同等原始的中介所組成的有
> 機體:「那些首先受制約的存在——作為中
> 介的意識——是它(精神)作為語言、勞動
> 工具以及家庭財產,或是作為第一步的單一
> 存在物的存有,即記憶、勞動和家庭」。

這裡的黑格爾並沒有太強烈的觀念論立
場,所以精神並不是一種先在的假定,反之,
「藉由符號表現、勞動和互動之間的關聯,
找到精神的形塑歷程的統一性」。

精神被理解為某些「中介」或「媒介」
的作用,是與他人相關聯的;哈伯瑪斯將這
形塑的辯證歷程中,其舖陳的媒介方式稱為
「溝通行動」。語言和勞動作為精神的媒

介，前者蘊涵著主體與主體間的互動，後者
則是人對待自然界所展開的方式或關係。

　　正如語言打破直接知覺的壟斷局面，並
且將混沌的紛雜印象整治成可加以辨認的東
西；同樣的，勞動打破了直接欲求的壟斷局
面，並且似乎捕捉住了驅力滿足的歷程。

　　無論是語言或勞動，它們均代表精神的
「中介」，精神即是對於這種「作用」的說
明。

　　哈伯瑪斯認為，費希特和黑格爾都論及
「反省」，費希特的反省是一個孤立的自
我，黑格爾則包含了「辯證的基本經驗」，
即使是主體的「自我意識」，哈伯瑪斯仍發
現黑格爾還是將它注入於與其他主體相互作
用的經驗下。所以，人與人之間的相互性以
理性這樣的存有為條件，自我意識在形成
中，主體的相互經驗受限於社會的歷史條
件，但是，又由於參與自我反省的歷程，卻
也以未來的自主決定為取向。

　　黑格爾把符號（語言）、勞動歷程、倫理（交互主體性）的辯證視為是精神三種自我形塑的表現，與之相應的是範疇語言、勞動工具和家庭三種模式所開展出來的關係，均構成互為主體性的連繫。按哈伯瑪斯的說法，黑格爾不但注意到以交互主體性作為擺脫康德單一主體的哲學困境，而且更重要的是，他也留意到「勞動」與「互動」不可相互化約的事實。基於「互動」的關係，為主體間展開相互承認（gegenseitige anerkennung）的關係。

　　「互動」是藉由一般同意的規範組織而成，那些規範與「人在與自然界的往返中所包含的因果過程」的勞動邏輯無關。不同於馬克思，黑格爾既沒有把互動化約成勞動，也沒有在互動中揚棄勞動；但是，這不表示說勞動與互動在實際的經驗中是相互分離，或是不相干的兩個領域；既然所有的勞動都在社會脈絡中進行，這也就意味著說勞動都在溝通或互動的脈絡中進行。哈伯瑪斯這樣

認為：

作為文化傳承的語言進入了溝通行動；因為正是這種從傳統生出的、相互主體地、有效而一致的意涵，才允許相互性的取向，也就是互補的行為期待。所以，互動依賴於已熟悉了的語言溝通。但是現在還有工具行動，它一旦是在作為社會勞動而實際精神的範疇之下湧現的，那麼它就被埋進了互動的網絡中，並且因此它是以依賴於所有可能協調之溝通邊緣為條件的。除了社會勞動之外，那種需要勞動工具孤立行動的實行，也有賴於符號，因為動物性慾望滿足的直接性，不能在沒有命名意識的間距化的情況下，從而可以出現鑑別各種對象之中的實現。

哈伯瑪斯把「相互性」、「相互認可」、「為求承認的鬥爭」、「交互主體性」等等概念都統攝於一個「溝通」的意涵之下，並且，當「勞動」與「互動」作為媒

介關係時，「溝通」即是辯證形塑的歷程，且以之趨向於統一性。從這裡開始，哈伯瑪斯就把「溝通」與「互動」等同起來，因此在這個意義下，就已經將「互動」在範疇概念和本體論的原則上理解作優先於「勞動」。

在此我們業已清楚看到哈伯瑪斯溝通理論的雛型。它是經由勞動與互動之區分，一方面保有互動中的自主性邏輯，一方面也使互動的介入，化解勞動帶來的異化或物化。在這裡，我們可以清楚辨識出哈伯瑪斯「黑格爾式馬克思主義」的立場，馬克思的「勞動異化」在哈伯瑪斯的詮釋下變成了「被扭曲的溝通」，對於馬克思提出來的難題，卻是回到黑格爾的精神辯證中獲得疏解。這已遠非唯心、唯物之概念可以解說的。「語言的轉向」在此成為克服唯心、唯物爭端的要素。

對黑格爾而言，恰當的理解到精神「並不是一個內在的東西，而是被設想成一個既

不內也不外的媒介時」，語言才是第一範
疇。「意識存在自身就是語言」，「命名就
是意識的存在」，經由語言，意識與自然存
在者對意識而言是相互分離的；也在語言的
意識透過符號，使主體成了經驗主體，而且
是相互往返的關係性主體，即互爲主體性。
意識變化的過程，就是語言的分化和變化的
過程；換言之，語言是作爲意識的辯證被理
解的。哈伯瑪斯指出黑格爾已表明了語言不
是外在或內在的意識，而是世界精神的理
性，而非孤立的自我意識。

　　相較於勞動和承認，哈伯瑪斯指出，對
黑格爾而言，語言爲意識中介的「優位範
疇」，以符號中介的命名意識和以工具／勞
動爲中介的狡詐意識，均在語言建構相互的
綜合之中呈現多樣性，不然「『我』的同一
性就不太能夠被認知歷程所預設，一如不太
能被那種狡詐意識所由生產的勞動歷程與承
認意識所由生產之互動歷程所預設的」，換
言之，「符號批准自我的再認知，工具則堅

守那種據之即可隨意征服自然歷程的法則」，「只有在語言，那種相互歧離的各環節之綜合，那種作為『我的』世界之綜合的『我的』綜合和自然的綜合，才是可能的。」因此，黑格爾確實成功的注意到語言作為溝通媒介的作用，在他的思辨框架下，形成了動態的、對話的、相互性的邏輯，往返辯證，主體擺脫了康德的孤立，成了互為主體，更具關係性和經驗性。

　　由於耶拿時期的黑格爾已經將語言視為人類意識存在的重要本質，根據哈伯瑪斯的說法，黑格爾在語言的名目下，合理地把對於表象性符號的運用，當作抽象精神的第一個決定，而予以引入。黑格爾把意識分別理解為有命名的、狡詐的和承認的，它們分別表現三種辯證類型：象徵、工具、倫理關係的要素。無論是命名的主體或勞動主體，它們同樣在相互承認，在這樣的型態之下，甚至哈伯瑪斯還認為：「表現的、勞動的辯證基本模型，可以用倫理行動之辯證」來理解

的。

　　哈伯瑪斯對黑格爾所做的策略性詮釋，〈耶拿手稿〉成了說明交互主體性如何被展開，勞動與互動不相互化約的區分意識，以此再舖陳從交互主體性的意涵下，發展出溝通行動理性，哈伯瑪斯認為黑格爾只能算作是看到了康德主體中心的問題，離成功推導出溝通理性尚遠。後面這一部份正是哈伯瑪斯要展開的。

二、符號互動

　　在一篇祝賀馬庫色七十歲的〈科學和技術作為意識形態〉大壽文章中，哈伯瑪斯將行動主體的概念置放在韋伯關於「理性化」的概念上，勞動與互動之區分又理解作目的——工具、策略理性和制度架構的符號互動之區分。這是一篇理解哈伯瑪斯理論的綱領

性文章，初次進入哈伯瑪斯的人，可以選擇
以這篇文章爲開始。

　　勞動或目的理性，包括了工具性和策略
性的理性選擇，受奠立於經驗知識基礎上技
術規則的支配。這種技術規則是指對自然和
社會世界可觀察事件做條件式的預測，以偏
好或某種價值系統作命題式的邏輯分析，並
視以有效的策略性作爲可能選擇行動的正確
評估。所以，目的理性有一套指涉規則，作
爲指引行動的參照。另一方面，所謂符號的
互動也就是溝通行動，從符號（語言）的相
互中看出，社會行動受規範作用的共識性約
束，基於相互的主體之間的瞭解與肯認，表
現爲眞誠的行動規範之有效性，以達到解放
的旨趣，免於宰制和扭曲。請參見下表：

	制度的架構：Symbolic interaction	目的理性：工具／策略
指引行動的規則	社會規範	技術規則
定義的層次	以日常語言中表現出的本互主體性	脈絡去除的語言
定義的類型	對行為的相互期望	條件的預測／必然
行動獲取的機制	角色內化	技術的學習和資格
行動的功能	制度的維持（基於相互約定的基礎上接受規範）	問題解決（以目的一手段的關係方式達成目標）
對違反規則的處罰	對權威反抗的失敗，根據共同約定接受處罰	技術失敗
理性化	解放、自主，在溝通中免於宰制	生產的增加，技術控制的擴展

　　根據以上的區分，哈伯瑪斯把社會分為兩個層面來理解：一是制度架構的生活世界，在符號互動中形成，是道德互動規則的結果，其社群包括家庭、血緣團體；二是目的理性的次級系統，以工具性與策略性為衡量標準，形成制度化的組織，例如經濟集團、國家機器。因此，勞動在此被視為等同於目的理性行動，表現為工具性行動的理性選

擇。工具性行動是以技術規範作爲導向行動，並立基於經驗知識。包括在目的理性行動中的技術規則，乃以其所容許的預測能力爲基礎，而得條理式的記述。理性選擇是以目標得以實現的有效性與否的方式做爲依據，以策略行動的選擇爲量。相反地，互動則是在具有共識的規範原則下，表現出交互主體間的相互期望、理解和承認，其理性化的表現是免於宰制。換言之，哈伯瑪斯把符號互動等同於溝通行動。

再者，哈伯瑪斯將其對勞動與互動的區分進一步引伸時，又將之置於馬克思的歷史唯物論中，企圖以他所建構的所謂「歷史唯物論之重建」揚棄生產力與生產關係的概念。哈伯瑪斯認爲，黑格爾〈耶拿手稿〉中的勞動與互動到馬克思那裡就被轉化成生產力與生產關係的辯證形態，因此，在馬克思的作品裡面，那種自我形塑的歷程再也不是描述成精神的外化，而是被視爲植根於人類生存條件的物質因素，透過人的勞動實踐，

居間的給於構成。由於勞動生產了人們互動的關係和必然的互動形式，互動是物質的互動，互動關係是物質的互動關係，這也就造成把互動化約成勞動。事實上，勞動是為了追求生活的滿足，勞動成果獲得承認，亦是來自於互動的功能，和有財產制度賴以建立的關係；互動是相互承認的基礎，在社會規範之下，互動表現為受法律約束的交換行為。

　　哈伯瑪斯批評馬克思並沒有把這個問題處理好，混淆了生產力與生產關係，雖然馬克思在分析架構上就互動表述為「生產關係」此一概念時給了相當重的份量，但是，他還是將生產力作為決定互動和互動形式發展的決定性力量，透過生產力闡明互動的辯證過程。即使馬克思說過，「對象如何對他說來成為他的對象，這取決於對象的性質以及與之相應的（按：指「人」）本質力量的性質」，「只有當物按人的方式同人發生關係」，哈伯瑪斯仍然認為，馬克思片面的

「把溝通行動化約爲勞動，或都從溝通行動
去推論勞動」，「按照生產的模式理解反
省」，結果是「把反省的過程降低到工具行
動的水準」。

　　馬克思失誤的理由在於，他把注意力過
度集中到物質實踐方面，結果很容易在理論
層次上以這個要點強化以勞動做主導，互動
因此也就化約成爲勞動。再者，勞動所揭櫫
的「生產」典範，無法處理以符號互動爲結
構化、組織化活動的社會關係，後者不同於
前者，生產是以物質、工具、能量、勞動組
織等關聯性的勞動爲過程；在哈伯瑪斯看
來，這種關係甚至是一種「工具——技術理
性」的宰制，無法處理「道德——實踐理
性」的相互理解。勞動根本就無助於揭露扭
曲的關係，要消除這種不當的關係不是透過
勞動；理性的批判是在相互的溝通關係中進
行的，可見社會實踐的互動（生產關係）根
本無法化約到以生產爲典範的勞動概念中，
而馬克思卻正好忽略了這一點。因此，哈伯

瑪斯以修正的方式提出所謂的「重建」歷史
唯物論的工作，即是引進「溝通行動」的概
念。語言是最基本的互動媒介，以語言代替
勞動，並把它置於核心的地位。

　　不同於黑格爾的「精神」，也不同於馬
克思的「物質」，哈伯瑪斯代之以「語言」
擴大成批判理性的歷史機制，無論是理性化
或是物化批判，「語言的轉向」是一次成功
的發現。如果溝通理性之作用囿限於個體與
個體的經驗中，事實上，在其中早就隱含著
群體與群體就政治和社會效應上的互動功
能。由於交互主體性以符號化中介為相互作
用的行動關聯，因此真正的社會演化，就不
以工具性的生產工具所決定為導向，相反
的，在相互理解和協調的機制中，語言形成
溝通的社會化作用。總之，互動的邏輯體現
這樣的理性化結構，主體與主體之間的溝通
被視為具有優位性的參照原則，因此，不但
要區分勞動與互動的差異，而且還必須以互
動的溝通行動模式為前提，形成理性化的基

礎和演化的動力。

.

第五章
知識類型學

一、旨趣的作用

　　沒有嚴格的知識論，意味著喪失批判的基礎；無法對意識形態產生批判的作用，也就背離了啓蒙所堅持的主張，甚至表示作為科學理性的批判並不徹底。

　　在《知識與人類旨趣》一書中，哈伯瑪斯的任務是將先驗哲學和哲學人類學綜合起來，但他並不像黑格爾那樣，把客觀的形成過程的認識經驗導向絕對的知識，相反的，認識的理論必須被批判的社會理論所取代，承認特有的實際生活是產生哲學必要的認識旨趣。因此，知識是作為受限制的存有者的人，以及關於其自身和其存有的社會——歷史條件的知識。哈伯瑪斯認為，他的知識論即是社會理論，這是他經過「知識論崩解」的批判過程中，相繼否定了從康德、黑格爾、

馬克思、孔德、馬赫的知識論缺憾後，要求
知識論必須建構其自身反思經驗後的結果。
換言之，前輩理論家均失去了理性反省能力
所具有的批判機制，主要是因為缺乏了詮釋
學層面的轉折，哈伯瑪斯所進行的工作，正
是找出人類自我反省能力，如何能對現行政
治社會實體作一批判性的瞭解。

　　哈伯瑪斯的「先驗」，不是尋求某種永
遠不變的「人的概念」。知識論即是社會理
論，將知識論與社會理論打成一片，即與先
驗哲學劃清界限，以社會理論深化知識論，
這種新型知識論證成一種批判性的社會理
論，或可以稱為「批判的哲學人類學」。

　　哈伯瑪斯所要追問的是：何以理性作為
哲學的前提，竟滑落成宰制的工具，人類主
體所具有的反思能力已喪失了嗎？作為批判
科學的哲學，為何最終也變成宰制的權力，
走向啟蒙的反面？因此實證主義首當其衝的
成為他建構知識理論過程的反面教材，即批
判的對象，這同時考驗著「批判理論能否成

功」、「啟蒙精神是否還有可能」等問題，
均將取決於哈伯瑪斯如何並是否成功的重新
評價知識／社會理論的建構。

　　傳統知識論的格局陷落於主客二元對立
中，當代詮釋學基本上是已經越過了這個困
境。深受伽達瑪詮釋學的啟迪，哈伯瑪斯一
方面批評了主體性哲學的主觀和獨斷，僅僅
停留在意識層面上作反省，忽略了社會與歷
史經驗中的條件；另一方面，以實證主義為
代表的客觀主義也不免落入僵化、保守的化
約主義中，輕視了主體經驗在形成認知構成
中的積極意涵。哈伯瑪斯因此提出「知識構
成的旨趣」，認為認知旨趣是一種特別的範
疇，它的地位既不能以經驗的和先驗的，或
事實的和符號的為二分來說明，也無法藉著
動機和認知來區分認識。「因此，知識不僅
是有機體適應變遷的工具，它也不脫離具體
生活的純粹理性沈思的結果」。

　　雖然哈伯瑪斯曾對《知識與人類旨趣》
所進行的工作表示懷疑，但是他所丟棄的只

是康德般的先驗主體的概念和佛洛伊德心理
分析學的方法進路，但他所採取的批判的哲
學人類學仍然是有效。該書主要集中在對實
證主義，包括馬克思在內的知識論予以檢
討，而這些思想在很大的程度上是阻礙人類
社會的進化的，它們都滯留在封閉、毫無批
判能力的思考邏輯中，所以仍不足以作為批
判理性的代表。理性的批判必須徹底的予以
展開，哈伯瑪斯認為，批判是工具的使用，
也不能落入空想，沒有根據的批判和未能自
我批判會導致批判的自我否定，人類對知識
與社會的批判反省能力必須在知識論上給予
一定的基礎，因而才不致於喪失了作為推動
人類整體知識與社會演化的批判能力。哈伯
瑪斯警告我們，批判科學所具有的反思知
識，在當代的實證主義和馬克思主義中，都
已被化約為某種工具行動，因此也就曲解了
人類自我形成過程中的解放意涵。哈伯瑪斯
提醒我們「解放的認知旨趣以從事反思為目
標」，這是近代實證科學知識論所獨缺乏

的，同時也意味著理性功能的喪失，甚至於
形成宰制的權力。

在哈伯瑪斯的論述中，旨趣 (Interest)
或利益這一個概念，並非指個人特殊性向嗜
好或某種群體利益的動機，而是指人類先在
的普遍認知旨趣，或知識構成的背景因素。
這個旨趣與後來他所提的生活世界理性化是
連貫起來的。換言之，它像是伽達瑪所謂的
「成見」或「先識」，認知活動關聯著某種
先於對問題處理的趨向和渴望，具體的說，
那是一種現實的經驗，它代表著人在社會生
活中不同層次的知識形成的要素。

從佛洛伊德那裡轉化為哲學人類學一般
的認知構成，指出知識形成與認知旨趣的內
在關聯，「它們乃是基於最具體生活世界中
的勞動和語言」，所以，哈伯瑪斯所說的
「旨趣」，正是指出了人類知識的構成是從
人本身的具體現實活動的意向性來把握的。

人類社會脫離不了具體的勞動和互動兩
個層面，這兩個層面又衍生出另一種現象，

即所謂的宰制或支配。知識的旨趣就以這三種社會生活世界中的經驗構成：「技術的旨趣、實踐的旨趣和解放的旨趣」。這三種旨趣分別形成人類社會生活的三個不同層面，先是關於經驗和分析的勞動過程，接著是在符號互動關係中人與人的意義相互瞭解，再來就是取得自主性正常溝通和擺脫勞動的宰制、互動的扭曲的批判動力。這三種知識構成的旨趣，就相應開展出三種類型的科學：「經驗／分析科學、歷史／詮釋的科學和批判的科學」。技術、實踐和解放的旨趣是社會生活中的理性指導原則，但是，如果技術和實踐的旨趣脫離了理性的自我反思和批判，就容易把它們和經驗／分析科學或歷史／詮釋科學的自身研究等同起來，而陷入新客觀主義或心理主義的窠臼中，哈伯瑪斯擔心具有批判導向的批判科學因而被取消或遮蔽，最終導致宰制和扭曲。

　　就哈伯瑪斯來說，雖然認知構成與經驗的關係不可分，但是批判理論仍被界定在旨

於超越經驗和歷史的科學，所以，解放旨趣
的批判科學是一切知識基礎的邏輯前提，並
以之作爲行動理性固有的旨趣，實現反思本
身的能力，尤有進者，還具有指導性原則的
科學性格。透過解放旨趣，批判科學奠定其
詮釋學的基礎，所以不是邏輯的同意反覆或
循環論證，但又可以避免落入詮釋學的限
制，批判本身不具有豁免權，卻也不陷於自
相矛盾，因爲它把知識批判的進行本身置於
批判的前提上，眞正的扮演批判科學的角
色。

　　哈伯瑪斯強調勞動和互動不可相互化
約，加上使我們瞭解到這些不可化約的媒介
及認知旨趣的特質後，我們才能審愼明白地
探討出他們之間動態及靜態的關係。相對於
技術所衍生的宰制現象和實踐所衍生的扭曲
溝通，「理性作爲實現理性的意志，在自我
反思的知識裡，與要求自主和負責的旨趣是
一致的。解放的旨趣亦即追求這個反思的能
力」。

　　哈伯瑪斯並不否定實證科學與歷史實踐
科學的貢獻，但他認為，實證主義和詮釋學
的反思是不徹底的，只有批判理論批判地繼
承了這兩種知識成果，批判科學的目標在
於，喚起理性自我批判的反思能力，事實上，
是深化了前面兩種知識立場的反思能力。所
以「當理論的命題描述了社會行動的不變規
律時，批判理論進一步追問：這不變的規律
是人類行動的普遍特徵呢？或者只是意識形
態籠罩下的暫時現象？如果不變的規律中具
有意識形態的成份，原則上是可以被改變
的。在這個意義下，意識形態批判和心理分
析都企圖找出其中可能有的關聯事件，最重
要的是保留了反思的過程在其中」。

　　換言之，批判理論的主旨就是承繼「啓
蒙」理性的哲學傳統，也就是康德批判哲學
的反思性，貫徹勇於思考和成熟負責的自主
性原旨，使理性可以從僵化的權力結構中解
放出來，達到一個沒有宰制的互動情境，也
就推向了一個沒有被系統扭曲的自由人及開

放的理性社會。人類在知識上的演化和進步
的可能完全取決於這種能力的發揮。總之，
批判科學所努力的，即是為了實現那「自主
和負責」的個體和社會。

　　毫無疑問的，哈伯瑪斯這樣的分析，乃
是就認知構成的旨趣和實踐行動上賦予了批
判理論所具有的知識地位，也使得意識形態
批判的科學獲得了合法性的基礎。「批判」
因此成了某種優先性的假定，「科學和哲學
都彼此共同分享了此種解放性的認知旨
趣」，「在自我反思的力量中，知識與旨趣
合而為一」，理論與實踐的合一。所以，反
思意味著一種認識和批判的活動，一種能
力，辨識意識形態的能力，使人擺脫束縛和
宰制的非理性狀態，並對現狀進行改變或新
的可能性的解放能力。

　　事實上，自我反思的標準可以免於懸而
未決的狀態，這並不是偶然的，相反的，在
這種懸而未決的狀態裡，所有其他的認知過
程都需要批判性的評價。自我反思的標準具

有理論上的確定性，像是烏托邦動力那樣，
人類對自主和負責的旨趣不僅僅是幻想而
已，因為它可以被先驗地理解，甚至是可以
實踐的。將我們從自然中提昇出來的唯一事
物，它的性質是我們可以得知的，那就是
「語言」，透過語言結構，自主和負責呈現
給我們。換言之，哈伯瑪斯所謂的自我反思，
不是意識活動的自我觀察，而是在所謂的語
言層次上進行反省；因此，在表現為語言的
型態或方式上，所謂的宰制和扭曲就是權力
介入和衝突的溝通，即是語言的扭曲。

二、知識與方法的分化

　　所以，批判理論經過哈伯瑪斯的「語言
學轉向」，就成了對語言做批判，更清楚地
說，就是追問日常生活的溝通是否正常？如
何揭露權力的介入和宰制，也就有待於解放

旨趣在語言批判的能力方面，給予完成。
「解放」就不再是意識或物質（工具）的解
放的問題，而是促成人在溝通中的自主和負
責的問題，「解放」意味著成熟和自由的溝
通，語言的正常或扭曲與判定理性的增加或
減少有著直接的關係。作為技術旨趣的經
驗／分析科學和作為實踐旨趣的詮釋／歷史
科學，明顯地都無法促成解放的任務，因為
它們都缺乏批判的機制，而且，這兩種科學
的獨斷和逾越，還會使人類主體所具有的反
思能力萎縮，喪失了批判的清醒，甚至淪為
對意識形態的服務和辯護。只有批判科學所
堅持的解放旨趣才能使人類從種種鐵牢籠的
禁錮中走出來，而這個任務就只有代表著人
文科學的批判理論才能圓成。

說明了解放旨趣的意涵後，我們進一步
看一看，哈伯瑪斯是如何以這樣的立場檢討
經驗／分析科學和歷史／詮釋科學的。按哈
伯瑪斯的解釋，經驗／分析科學是以被觀察
事物和命題假設間進行因果分析的，並使預

測成為可能，加強其控制的觀察和實驗。因此，決定著理論建構和驗證的規則的，是以客觀的實驗運作為結果，並以之作為可靠之保證。經驗／分析科學的認知目標在於將現象客觀化，並且對於這被客觀化的對象進行控制，這種以工具的行動方式來決定事實和知識的構成，最終也就導致了控制的邏輯。

　　哈伯瑪斯批判經驗／分析科學，以這種方法來宣稱自己是客觀而且唯一普遍有效的知識是非常片面的，事實上，當我們面對自然界的事物時，都必然經過認知旨趣的介入，是就人的需要與目的的工具行動中使用方法，而不是方法在使用人，或人抽離於方法之外，而是讓方法自行的操作。我們不能天真的以為，社會發展也可以一併的將理性的指導原則推給科學技術，社會生活所牽涉的，更多是關於實踐的問題而不是技術的問題；換言之，工具的介入並不能解決社會發展中可能的衝突和協調的問題，反倒因為工具的介入，帶來宰制的增加或加強。

　　當代資本主義社會所發展出來的意識形態，正是抬高了工具——目的理性行動的指導原則，因而就以依賴科學和技術做為藉口，形成對社會的有效性操控，要求人們以封閉的目的——成效的邏輯去處理實踐領域的價值、意義、倫理等不是技術的問題。哈伯瑪斯最為擔心的是一種叫做「專家技術意識」的意識型態，專家主義根本取消了理性的不同功能和差異，而且，人們在習慣於依賴專家後，也就自動放棄了反思和批判能力，自我瞭解毫無選擇地被納入某種決定的邏輯下，最後導致更大的宰制，尤其是當這些專家技術融入官僚體制的科學化運作時，更是進一步以「客觀」或「中立」的假象，充當了意識形態的工具。

　　我們不能忽略的一點是，哈伯瑪斯對於各種思想形態的考察，都將它置放在社會經驗的條件上，知識必然涉及到人的具體活動，所以，他所謂的「知識理論必然同時也是社會理論」的命題，同時說明了批判理論

的立場和預設。

　　除了經驗／分析科學，還有一種是關於實踐旨趣的歷史／詮釋科學也是哈伯瑪斯要批判的。歷史／詮釋科學認為，命題的意義及效應並非由技術的控制來決定，我們的經驗也不全然可以成功的化約為對象性的運作結果；相反的，獲得事實的方法並不是觀察，而是對意義的了解，它更多注意到詮釋者的角色和其在詮釋規則上所可能有的主觀介入的效應。歷史／詮釋科學關照的領域，包括社會規範和文化意義，規範與文化的存在基礎是共同的日常語言和行動者間的相互期望，而認知活動的目的，則是為了在此互動的關係中形成相互的了解，所謂的「理解」也就是行動者主觀活動所具有的社會和文化意義。總之，詮釋學的規則決定了人文科學述句效應的可能意義。雖然哈伯瑪斯在諸多方面肯定詮釋學的想法，也確實的從詮釋學中吸收到理論的養份，但是他不認為因而可以把「理解」僅僅看作意義的了解，因

為詮釋總是關係到人本身的活動而言的，所以「理解」應進一步的擴大成批判，以此才能推進社會的演化和發展。

「解放的旨趣」超越技術旨趣和實踐旨趣，它只有在被壓抑的力量下，把權力當作規範來使用時才發揮作用。批判取向的科學以自我反思為方法，用以揭露先天的假意識。理性在自我反思中導向行動，行動又返回理性自身；從生活世界的現實回到生活世界，解放取得了免於自我設限的自由、免於受制度宰制的要脅，掙脫於系統結構的扭曲。所以，哈伯瑪斯認為，我們不是在技術的控制中生活，而是在交互主體性的溝動關係中彼此增進理性的作用，自我反思不是為了知識的形式，而是導向行動的統一，只有「解放的旨趣」才真正做到了理性所預期的。

為避免把旨趣心理學化或觀念化，哈伯瑪斯強調旨趣「解決問題」的意向性，所以解放的認知旨趣絕不是滿足於經驗，而是針

對實際的問題，採取適當的處理態度。我們
甚至可以說，旨趣的概念將先驗和經驗統一
起來，不是在知識上的，而是在構成實踐的
行動中，所以說「旨趣旨在於存在，因為其
表達了旨趣對象與我們意欲能力間的關係。
不是旨趣預設了需要，而是旨趣產生了需
要」。

　　哈伯瑪斯吸收了實證主義的因果解釋和
詮釋學的意義理解，再以批判為導向的社會
科學，形成所謂的辯證綜合，這樣的綜合針
對社會生活的種種條件作反思，解放意識形
態的宰制。對批判理論而言，它的目的即是
喚起反思的能力，以了解我們的行動，究竟
在那種不變的規律下是被扭曲的，或是去改
變那些未曾意識到的潛在威脅。所以，自我
反思的作用是批判理論的目標，也是理論與
實踐相結合的焦點。說得清楚些，所謂的自
我反思即是啓蒙的作用，是主體邁向自主、
負責和成熟的個體的要素，行動者經由在互
動中形成自我反思的提昇，使他更能以自主

的意識去行動。現代的人和社會在理性的增
長是從批判理論方面來展開的。

　　基本上，我們可列出一個簡單的綱要：

生活的要素	知識的旨趣	科學方法	後果
勞動的	技術的旨趣	經驗—分析	宰制
互動的	實踐的旨趣	歷史—詮釋	扭曲
權力的	解放的旨趣	批判—反思	共識

　　技術的認識旨趣不僅要努力支配外部自
然界，以滿足人類所必須的最低需要，而且
還要去努力擺脫整個自然界的約束；實踐的
認識旨趣不僅要努力實現為建立文化世界所
不缺少的、主體之間的相互理解，同時，還
要擺脫壓制；解放的旨趣目的在於實行真正
的反思，為一切批判的科學確立了問題的提
法和處理方法，這種指導認識的旨趣，希望
揭示非常態性溝通中強制作用的客觀面紗，
並期許朝以實現美好的生活方面推動社會或
個人的解放過程，這才是真正具有理性行動

的旨趣。

　　解放的旨趣超越了純粹再生產的目的，
這種認識旨趣的作用不僅是爲了保存生命，
去認識以技術和實踐的方法展開世界的可能
性條件，更重要的是，交織在一起的勞動和
互動的形成過程，它爲了「美好的生活」提
供標準的條件。

　　必須補充說明的是，我們不難發現三種
旨趣都具有普遍性和必然性的特質，哈伯瑪
斯稱之爲「準先驗」（quasi-transcenden-
tal），每一個認知活動都相對於一個獨特的
領域與目的，以及其相應得到的後果。值得
注意的是，爲超越實證主義的技術控制，詮
釋學相應的以植根於相互理解克服前者的困
難，可是，詮釋學相互理解對於如何揭示權
力作用並沒有太大的能力，最後，還是回到
生活溝通互動的關係結構中，以語言獨有的
先驗特質，在批判的領導作用下，也因爲隨
著人類的語言發展，經驗的改變，使語言在
其本質中也形成改變的可能。

　　解放旨趣之所以可能，是因為人有服從
理性指導的行動能力，這種行動能力反映了
啟蒙理性中的旨趣，它的普遍性和必然性是
人們所渴望和期待的，透過批判的機制改變
現有的不合理狀態，邁向自主、負責的成熟
之人和社會。

第六章
批判的詮釋學

一、精神分析學

　　詮釋學不是哈伯瑪斯思想的核心,雖然批判也可以視爲一種詮釋的進路;但嚴格說來,他還不算是一位詮釋學家,詮釋學對他而言,只不過是用來作爲攻擊實證主義的利器。後來,他又進一步否拒了古典詮釋學和當代哲學詮釋學,認爲它們主要僅限於歷史人文科學的意義之理解與研究,不涉及社會生產實踐本身,他們在批判的反思方面均是不徹底的。古典詮釋學還餘留著實證主義的殘骸,分不清什麼是可以接受、什麼又是不可接受的;哲學詮釋學沒有爲合理的權威提供一個客觀的標準,結果是走入相對主義的死胡同,無法宣稱其普遍性。

　　詮釋學在哈伯瑪斯那裡有其他的意義,對他而言,社會理論不應是「分析的科學理

論」，而應是「辯證的社會理論」。雖然他
在知識類型學中，已說明了解放旨趣及其推
動能力的自我反思，但這僅僅是停留在知識
論層面上的闡述，因此，哈伯瑪斯為了進一
步在方法論上證成他對解放的基礎，統一理
論與實踐、知識與行動、存在與價值、主客
體，便借助於佛洛伊德精神分析學或心理分
析的理論，發展出一種所謂「批判的詮釋
學」，並且，也標示著他與當代詮釋學分道
揚鑣。

　　把佛洛伊德的精神分析學發展成一種詮
釋學理論，研究語言、象徵和詮釋的關係，
從象徵到反思，再從反思到象徵的詮釋途
徑，走向深層的意義結構的理解，除了哈伯
瑪斯之外，還有當代法國哲學家呂格爾
（Paul Ricouer），可見哈伯瑪斯的工作絕
非毫無根據。某些學者乾脆稱他們的詮釋學
為「批判的詮釋學」，當然，他們兩人所謂
的「批判」是很不相同的。

　　按哈伯瑪斯的說法，佛洛伊德的精神分

析理論同時具有詮釋學的理解作用。按佛洛伊德的論點，因果法則解釋與批判在方法論上即是一種關於自我反思的科學。由於人類的認知與行動都必須透過語言為媒介，而人與人的互動和相互理解就在此共享的中介中獲得進行，因此，人類的認知能力、行為動機和互為主體性的語言，是交織且關聯在一起的。在以日常語言為中介的溝通中，語言此時此刻被看為是像理解精神病患是否正常的焦點一般，無意識的動機是不自覺的因果關聯，這種無意識動機可以經由反思力量，找出其中的壓抑邏輯並給予克服，因為無意識對個人行為的因果決定，唯有透過對個人語言的壓抑和排除才真正獲得解放。

　　換言之，精神分析學成為一種批判的機制，其與詮釋的對象關係並不是觀察的主體和客體的關係，而是一種參與的辯證運動關係，所以它的目標是透過自我反思的過程，使主體經由無意識中產生自覺，形成有意識，最後意識到並取消溝通中所造成的扭曲

部分，使知識和人的解放旨趣得以結合起來。總之，詮釋學的反思性即是日常語言的反思性。

　　人的理性基礎不在於日常語言本身的自我反思性，而在於人的說話能力。哈伯瑪斯認為，在每個說話行動中，已經蘊涵達到理解的目的。假定在理想的言談狀態中，我們都能直覺到自己只從屬於眞理，即使「在欺騙（或是強制）的共識概念下，我們已經擁有合理共識的先決概念」。換言之，說話行動預設了理性的作用，理性是必要的預設，尤有進者，理性是爲反思的，是人賴以實現解放的能力。

　　詮釋學與精神分析都是語言分析，兩者之不同在於：詮釋學把所要理解的對象視爲具有溝通能力的主體的產物，深層詮釋學則把病人的症狀視爲缺乏溝通能力所致，病人的語言成爲私有的語言，無法與人進行公開而正常的溝通，病人表現出來的是一種扭曲的溝通。精神分析是使病人理解他的病情，

追蹤其病源，並且以消除病痛爲目的。治療
爲的是引導並建立病人自我反思的能力，最
重要的是，透過持續的對話，其過程即是一
種常態的對話情境的恢復。成功的治療能使
病人由原先無意識的行動，轉變成自覺的有
意識行動，病人能夠理性的控制自己的行
動，其中就產生了批判的機制。

　　哈伯瑪斯的批判理論，事實上就是「批
判的詮釋學」；爲了與所謂「一般的詮釋
學」區別開來，這種詮釋學被稱做「深層的
詮釋學」。一般詮釋學的對象，只是那些尚
未被我們所了解的經典著作，透過和經典著
作的對話過程，由前理解而逐漸對作品更清
晰了解和較佳的詮釋，結果是像實證主義的
實驗觀察一樣，把觀察者的自身特性排除
了。一般的詮釋學以貝蒂（E. Betti）爲代
表，哈伯瑪斯甚至認爲，伽達瑪也屬於這個
陣容。可以這麼說，這種詮釋學只能了解
「未受扭曲的意義」或常態語言，以控制觀
察爲模式，都保證在一個可以完全脫離主觀

扭曲的純意識一般，對直接既定的事物的重建。古典詮釋學與實證主義的立場沒有分別，均是依恃一種「真理符合論」的主張。

一般詮釋學不可能要求我們超越傳統的一切限制而實現人的真正自主。哈伯瑪斯認為，人與人互動不僅受制於語言，而且受制於社會的權力和制度，這些是人們在勞動過程中，形成的社會關係和政治上層建築，它可能維持人的合理溝通，但也可能作為異化的力量，對人的日常交往實施無意識強制，從而形成扭曲的溝通。社會作為整體是一種建制化的系統，既然建制化，它總是蘊涵著強制力乃至於暴力；社會生活中，人與人之間的互動，無不受到社會強制性力量的限制和驅使，意識形態之所以是意識形態，就在於它掩飾了其中的虛假性和欺騙性，遏阻人們進一步認識到這種關係的存在。

所以，精神分析學比詮釋學要求得更多，它所了解的對象，是那些被排除於溝通之外和被系統扭曲的無意識的內容，相較於

一般的詮釋活動，一旦日常語言是扭曲的，
其意義也就無法直接被了解或解讀，精神分
析學的目的是指出這些潛在的機制，批判的
詮釋使得我們對無意識的理解變得可能。主
體與主體間的互動關係表達在語言中，社會
的統治和勞動事物也經由語言符號為媒介；
在哈伯瑪斯看來，社會語言的基礎結構乃是
在對外在自然（技術介入）和內在自然（暴
力鎮壓）的強制過程中建構的，所以把這種
理解的邏輯，擴大到社會的集體心理層面，
也就關聯到以批判導向作為解放旨趣的動
機。社會的無意識行動必須依賴相似於精神
分析的治療方法，哈伯瑪斯不僅僅是將這兩
種強制視為詮釋的對象，而且還在語言的背
後，找出構成語法結構的因素，使無意識的
行動（扭曲和暴力）轉化成有意識的行動
（自主和負責），也使我們能理性地（成
熟）控制（自由）自己的行動。

　　批判詮釋學「不是規則指導下的實用技
能，而是一種批判；經過反省式的決定，帶

給意識有關我們語言的體驗，這些語言體驗
是我們在運用我們溝通能力的過程中，也就
是靠語言中的社會互動獲得的」。批判在此
即是透過自我反思的歷程，在語言的脈絡
中，使主體得以認識到已完成的活動的無意
識的前提。詮釋學所謂的「意識」即是語言
或語境，因而也是自我反思的結果，在這一
客觀化了的表現過程中，一個說話主體具體
地認識到他如何不受語言的影響，而又如何
依賴於語言，自我反思有助於說明一個主體
在運用他的溝通能力所創造的經驗，但它不
能確證這種能力。所以問題應該是：批判的
主體究竟如何將主體經驗的成見顯題化？批
判的詮釋學要回答「為什麼」的問題。

　　深層詮釋學是治療的理性力量，「將理
解的過程和理性討論的原則結合起來，真理
只能由那種共識來保證，即它是在沒有控
制、不受支配和理想化的無限溝通條件下取
得，而且能夠保持下去」；換言之，這樣的
理解或批判過程旨在被扭曲的狀態中，建構

出行動主體的自覺力量，這種自覺是不斷的
深化和發展的，即「溝通的能力」，與意識
形態批判結合起來，更迫近於那種潛藏在經
驗中的無意識壓抑和扭曲，消除語言的強制
性機制，使得語言的客觀性真正獲得理解。
就這一點，使得哈伯瑪斯與伽達瑪的立場區
別開來，伽達瑪的哲學詮釋學僅僅是將詮釋
理解成一種「活動」，其結果並無助於我們
澄清事實的真象，結果不是落入相對主義，
就是變成主觀主義；換言之，語言如何取得
常態化、統治如何取得合法化、意見如何獲
得正當的一致化等等，都是伽達瑪的詮釋理
論無力回答的，恰好這些問題均是哈伯瑪斯
所要處理的。

精神異常的症狀是深層潛意識的結果，
其治療的方式是從主體的意識著手，所以，
可以這麼說，異常的精神官能症正是扭曲與
壓抑的反映，解放的過程即是主體的自覺，
因此，佛洛伊德的理論在哈伯瑪斯看來，也
就含有批判性質的啟蒙作用。但是，這裡的

本能不是一種自然的事物，而是人類發展出來的政治社會解制，本能的問題是與現實強制存在之間的矛盾的力量。潛在的強制力量一再的構成對本能的威脅，從另一方面而言就是一種破壞，人們必須從一個「超我」 (Super-ego) 的層次上給予化解。為避免與康德觀念論的混淆，這是一種「先驗人類學」理論，哈伯瑪斯說：「如果人類的本質基礎主要是由本能衝動，及孩提時期依賴性之延長所決定，如果產生建制的原因能從溝通受到阻礙加以詮釋，那麼支配或權威與意識形態，也就具有馬克思所瞭解以外的實際價值」。換言之，佛洛伊德關於潛意識的壓抑作用，也就成了哈伯瑪斯理解下的意識形態支配力量。

詮釋學不能停留在存有論的階段就滿足了。哈伯瑪斯認為，詮釋學應該理解或發展成批判的方法，反思是透過自覺方法的運用實現的。在精神分析實踐中，醫生與病人的關係，本質上是反思性的關係，雖然表面上

看來醫生與病人處於不平等的地位，醫生的
權威凌駕於病人之上，但是，病人在醫生面
前主要是出自於自願的關係而被啓發，醫生
所做的只是引導病人，由病人自己去分析自
己的病情，而不是把自己的判斷，強加於病
人的身上。針對無意識的力量，醫生就像是
一位溝通的參與者，幫助病人克服自己的抗
拒心理，病人被迫去面對不愉快的經驗，重
建他對自我的認同；甚至這樣的抗拒心理正
顯示出無意識動機的阻礙作用，精神分析的
起點即在此，所以，成功的精神分析病例在
於病人獲得理性的自主性。

　　反思的對象與反思者是自我糾纏在一起
的，病人既是自我反思的對象，又是最高意
義的反思者。治療是引導病人閱讀自己的文
本，認識自己病症的潛在意義；病症的消
除，意味著個人自我認識的實現。同樣的，
意識形態批判亦是啓蒙者和被啓蒙者的關
係，本質上也是反思性的關係，批判的目的
是達到社會成員的自主和解放，它同樣求助

於社會成員能夠自我反思，認識到意識形態
虛假背後的無意識控制，並認識自身的眞正
利益和要求。因此，社會異化的根源即在於
理性的誤用和濫用，理性的批判不是訴諸於
某種權威的解救，理性的希望在於個體的自
覺能力，即進行反思能力的救治工作。批判
的詮釋學正是以解放帶來人的自主與自由爲
最高的旨趣。

二、意識形態批判

　　精神分析學不僅提供了理論詮釋的架構
和方法，同時也提供超越表面性關連的實踐
動機，醫者與病患之間，形成溝通對話的辯
證，其旨在勾起患者的主體自我反思和追憶
的經驗，消除對本我的強制性壓抑，以根除
病源。精神分析學結合了意義詮釋的方法和
因果關聯的解釋，在解放旨趣的引導下，使

精神病患能反思地理解被扭曲的意義和被壓
抑的欲求，由無意識的決定中，解放為一自
主和負責的個人。反思正如精神分析學一
樣，能夠使主體從假設性力量的依賴中解放
出來。人不僅具有意識，而且具有自我意識，
人也不僅渴望交流，同樣的也渴望認識自
己；只有提高自我意識，才能充份的認識自
己，而且，藉以擺脫一切外在的束縛，獲得
自由。意識形態批判即是病理學的探源工
作，意識形態批判要求我們根據期望來思
考，它屬於調節性的規範，亦即無限制、無
強制的理想溝通狀態。

　　個體的異常行為不能與社會及政治建制
的功能分開來看，重要的是維持主體與主體
間的溝通，即置於社會現實的具體脈絡。

　　對個人精神異常症狀的認識，就可以瞭
解社會建制所提供的偉大貢獻，精神官能症
者常試圖採取願望作為解決個人問題的補
償，這類問題經由各種建制可以獲得社會性

的解決。

　　哈伯瑪斯把意識形態批判放在溝通性的社會關係和建制中，於是批判在深層詮釋學的語言分析之下找到基礎性的理論假設。這樣的後設心理學，使精神分析學家預設了「未被扭曲的日常溝通的結構」，分別是：

1.符號的結構：語言、行動、表情；
2.交互主體性的有效性：相互辯證的開放系統；
3.分主客、別內外、辨公私：說話者的語言能力；
4.假設互動之認可：語言遊戲的共識；
5.不能僵化地使用範疇性的概念，必須考慮到說話的情境和脈絡。

　　語言或符號在日常的溝通中，僅僅假定了相互理解的結構性和發生性（Genetic）（如前語言、象徵）是不夠的，因為深層詮釋學關聯到語言的一般整合上，即它的表象

性作用，因而語言就不僅僅是工具，語言的模式既成了無意識動機形成的原因，亦成爲揭露無意識作用的媒介。對於這種無意識動機形成和產生的解釋性了解，即依賴於被扭曲、變形的語言；使語言恢復其功能，形成反思性的機制和力量，即是批判的啓蒙理想。哈伯瑪斯認爲，任何的慾望或需求，都是經過語言的詮釋，在語言的互爲主體框架內，被賦予了一個符號的位置，因此語言使用者的慾望或需求即是一個有待解讀的對象。無意識的動機即是私有語言的形式，成爲不可理解的壓抑機制，因爲它被視之爲排除在常態溝通之外的因素，因此它就成了被批判的對象。

哈伯瑪斯稱這種無意識動機形成爲「去象徵化」（Desymbolization），而對無意識動機的反省和意識，正好是顛倒過來，他稱之爲「再象徵化」（Resymbolization）。在解構與重建的溝通情境中，所開啓的是某種具有啓蒙作用的辯證，以鼓勵並引導患者走

向自我反思爲目的。將那些語意內容從前語
言轉換到語言的集合體狀態，就是擴展了溝
通行動的領域。語言因此就不僅僅是作爲理
解的媒介而已，而是引導患者（個體或社
會）的自我反思能力；語言的成功、創造性
的公開使用恢復。就這個環節而言，在哈伯
瑪斯來說即是一種解放。

　　哈伯瑪斯認爲，語言在當代社會已成了
意識形態的媒介。語言依賴於不能變成規範
聯繫的社會過程，它作爲社會勢力與社會統
治的媒介，不能不受制於社會權力的影響，
而服務於有組織的權力關係的合法化。因
此，語言也就是意識形態，這不是說「語言
本身包含著欺騙」，而是說「用語言進行欺
騙」。當詮釋學的經驗能向人們說明對社會
實際權力關係的這種依賴性，詮釋學的經驗
也就成了意識形態批判。理性是在語言互動
中形成和變化的，這也就決定了觀念與詮釋
對社會再生產的客觀聯繫具有利益結構的依
賴性。

意識形態類似於精神分析學的病症。這種病症本質在於公共語言的私有化，它的語言符號是公共的，但是符號的意義和內容是私人的，這種隱秘的意義既無法為他人、也無法為病人自己察覺，因而無法實現自我認識，病症「從語言的公共使用的邏輯和語義學的虛假的同一性中獲得力量」。換言之，它成了在自我認識上的障礙，一般詮釋學僅限於語言溝通的常識性理解，而忽視了政治權力介入溝通的影響，也就無法具有反思的作用。總之，語言的意識形態化，就成了哈伯瑪斯詮釋學轉向意識形態批判或社會批判的中介。

哈伯瑪斯認為，無意識或意識形態對個人行為的影響是一種因果的關聯。不同於實證科學的「自然的因果」，這種因果不是獨立於個人行動和意志之外的，個人的行動和意志雖然也是個人不能自覺到的決定因素，但是，無意識或意識形態的動機是可以經由反思的力量給予克服的，這種因果是一種

「命運的因果」。

　　社會的系統扭曲，即是在溝通行動中形成壓抑的作用，精神分析的治療邏輯在於壓抑的解除。精神的症狀是可以經由口語的表達、表情、行為、舉止，這些外表可觀察到的偏差中察覺，表示日常生活中存在著某種反語言的機制。此一語言障礙的偏差來自於壓抑的結果，於是，批判在此被視為是一種「反思的能力」，反思的作用即在增加這種「語言的能力」，使行動主體自覺地擺脫無意識的宰制。詮釋學即是在於語言溝通的不自主性中找出產生不可理解的病源，詮釋學不能只把意識形態批判局限於像在分析者和病人關係中所規定的那種治療作用，而是往前進一步建立一種使非強制性的普遍承認，出於理性的自願或同意，成為使人們在不受控制、不受限制的理想的說話情境。

　　對哈伯瑪斯而言，社會已經趨向於制度化或系統化的強制性功能，人們賴於生存的溝通媒介也由非符號的工具所取代，使得行

動者的溝通也流於表面形式。這意味著我們
的互動性已由技術性所取代,當代社會的意
識形態,即是一種以「科技作爲第一生產
力」的片面性,人們相信技術可以解決人所
有的問題,政治也非政治化,以技術取代實
踐,形成另一種形態的壓迫。在科技普遍化
的今天,社會生活已普遍形成操縱,甚至還
具有辯護的功能,掩飾系統的偏差,詮釋學
的經驗能向人們說明語言對社會實際權力關
係的這種依賴,並洞悉這樣的依賴在病源上
的關係。

　　哈伯瑪斯認爲,任何的欲求都是經由詮
釋的。在語言的相互性結構和發生中賦予了
符號的功能,而爲語言使用者所使用和理
解。但是,作爲表達欲求的符號,卻被社會
或其他權力的壓抑而給予系統性的排除,欲
求成了被禁止的或被拒於溝通範圍中合法地
被談論,最終,這欲求形成所謂的「語言私
有化」(privatized language)的現象,語
言已無意義地自動喪失作爲溝通的媒介和功

能的角色，從外部的相互理解，變成了內部
無意識的活動。所以，這種無意識的活動即
是以「私有語言」的形式被拒於溝通行動之
外，不但造成主體與自我的分隔和扭曲，也
擴及主體與他人的關係的扭曲。心理分析或
深層詮釋學的治療過程，就是要把壓抑為不
可理解的無意識行為和病症，由「去象徵
化」轉變成「再象徵化」。

意識形態批判要求我們根據期望來思
考，它屬於「將來」的調節範疇，亦即無限
制、無強制的可能性溝通；解放的旨趣一開
始就起著作用。哈伯瑪斯認為，反思正如精
神分析學一般，能夠使主體從對假設性力量
的依賴中解脫出來；反思是以溝通理性為關
聯的，溝通者就不僅僅只在目的、規範調整
或劇場行為中那樣直接擁有和世界的關係，
而且是以反思的方式去擁有這種關係。深層
詮釋學所提供的批判典型，正是社會批判理
論的雛形，它同時是經驗因果分析的、意義
詮釋的，以及批判反思的科學。正如哈伯瑪

斯的同窗好友阿貝爾 (Karl-Otto Apel) 所
做的評論：這種方法的類型，是以因果解說
與溝通理解辯證地給予產生的，它是對所有
批判社會科學所作的一種哲學理解模式。這
種批判將生活實踐和科學關聯起來，目的是
喚起人們自我反思和主體求得解放為旨的。
擺脫於一般的詮釋學那種囿限於「文本主
義」的保守立場，意識形態批判則指向社會
實際生活的干預，改造我們社會輿論的結
構，實現合理化的社會意識。

　　求助於歷史理性的重建，以超越一般詮
釋學的限制。歷史的敘述結構要透過對生活
實踐的反思，重建歷史的意義存在於人類自
身解放這一類未來構想中，「在這個關係
中，將來只存在期待的視野中。這些期待試
著把以前傳統的片段，融進直覺的把握的普
遍的歷史總體；從這方面來看，每個相關的
事件，都在對社會生活歷史的實踐的自我理
解中盡可能地得到描述」。因此，反思的可
能性在於人總從將來的期待中，即從一定的

實踐意向所構想的目標中來對待歷史，批判
的詮釋學既是歷史的敘述，也是對傳統的批
判。批判的詮釋學的反思，區別於伽達瑪的
反思，在於它是從一個設定的理想審視點出
發的，因此，它不是根據傳統的規範價值，
而是根據理想的規範價值來反思歷史；歷史
的事實性權威和傳統是人類反思的對象，而
不是人類反思的基礎。

　　把佛洛伊德精神分析學連結到馬克思主
義是當代馬克思主義學者共同的理論趨向。
法蘭克福學派代表從《啓蒙的辯證》開始，
弗洛姆、馬庫塞的批判理論都分享了精神分
析的成果，他們認為，佛洛伊德的理論非常
契合馬克思對資本主義的意識形態批判，即
從更為堅實的基礎發展出某種關於解放的理
論，要求說明常態化及其能力的展開，要求
論證系統的扭曲條件及其解放的可能性。批
判的詮釋必須納入個體化的實況之中，它被
運用於建構這樣的歷史，在其中，主體可以
認出自己和他們的世界，同時，也超越了一

般詮釋學的純粹理解或意義的詮釋途徑，通向解放的個體和其歷史。精神分析的方法使得詮釋理解意識形態的批判，和以歷史為指向的社會系統分析得以綜合起來，這樣又與自然科學的實證邏輯區別開來。

　　總之，我們可以清楚的看出，哈伯瑪斯在這一方面，已從人類學式的旨趣類型學分析，過渡到了社會理論的面向，佛洛伊德學說為理論與實踐奠定了方法論的基礎，在此，也埋下了理論的轉向（轉向「溝通行動理論」的闡述），正式告別了《社會科學的邏輯》和《知識與人類的旨趣》在哈伯瑪斯思想歷程中詮釋學時期的「方法論階段」。

第七章
溝通行動理性

一、行動的類型

　　批判理論的鮮明標誌之一是堅持意識形態批判的立場，然而，如果哈伯瑪斯之批判理論僅止於批判，恐怕也就和法蘭克福成員前輩一樣，落入純粹消極的否定，難逐悲觀主義的論調，無法尋獲明確的思想出路，甚至還有知識論的無政府主義之嫌。因此，哈伯瑪斯一方面以精神分析為模式，發展出批判的詮釋學，另一方面則以溝通行動理論為模式，對理性進行重建的工作，兩者都有理論預設的基礎，但也都具有足夠的說明力量。批判的詮釋學和理性的重建，同樣是以解放作為旨趣，前者旨在批判已有的虛假意識，後者除了批判以外，還進一步指出，如何避免意識形態的產生，並且進一步積極的幫助我們建立新的知識。

　　扣緊著「語言轉向」的脈絡，哈伯瑪斯
認為，理性應該是在語言作為交互主體性的
行動脈絡中，形成往返的對話邏輯，而且，
以交互主體性的對話、溝通行動，預示著開
放性和超越主體中心格局的理性，「理性」
意味著允許被論辯。嚴格說來，理性又可區
分作兩個層次不同的理性概念：「認知工具
理性」和「溝通行動理性」。前者重視理性
追求的目標，以非溝通的知識為要求，以可
利用的計算性，為達到成功的自我維持系
統；後者則是在不同的主體相互參與中，形
成無約制、統一、共識的經驗，確保客觀世
界的統一性和生活世界的統一性，以及生活
世界的互為主體性。

　　哈伯瑪斯認為，只有溝通的概念能擴大
我們對理性的認識，理性因此可以不再囿限
於某一種行動類型上，更不可狹隘地被視為
發展某種知識的工具而已；換句話說，溝通
理性使得理性的結構不僅僅體現在目的理性
的擴展，即不僅僅體現在技術、策略、組織

和合法手段的行使，而且，更重要的是，它還體現在溝通行動的相互理解的性質上，體現在調節衝突的機制、世界觀以及同一性的形成上。

哈伯瑪斯對於理性的論證，是從幾種不同類型的行動理論上來區分的，它們分別代表著「行動者相應於不同的世界所採取的不同態度、關係和結果」：

1. **目的的行動**：這類行動以目標和手段間的聯繫作考量。行動者以策略性和工具性作為成功指向的理性手段，假定了功利主義的效益原則，因此又稱之為工具行動。目的的行動把主體活動的對象，均置於單個世界的概念之下，將對象化約到行動者本身的意向上去，形成主體對客體的宰制。哈伯瑪斯認為，這種理性的行動過於狹窄，無法處理兩個世界的真正的關係，我們的行動主體除了對應客觀世界，還有社會世界的互動規範的行動，後者正是目的

行動無從處理的。

2. **規範調節的行動**：規範是社會世界共同遵
守的行動模式，在群體共同認可的價值行
爲系統中，規範的有效性表現在任一給定
之情境下，行動者都要滿足規範所要求的
行動期望，行動者本身的主觀世界旨在規
範性的行動。可是，規範行動的理性模式
僅僅留意到社會世界，因此也過於單薄，
主觀世界的主體性和客觀世界的普遍性，
沒有在規範的行動中獲得充份的重視。

3. **劇場化的行動**：劇場是指主觀世界有意識
的表達、操作自己的行動，劇場意味著表
演的功能，劇場化的行動在行動理論的意
涵下，恰好證明了主體已經把自身、內在
的東西視爲一個「主觀」世界而納入反思
的視野中。可惜這種行動忽略了人與人之
社會性互動的真實性理解的必要。

「目的行動、規範調節行動和劇場化行動」
分別相應於「客觀世界、社會世界和主觀世

界」。客觀世界是外在、可操縱、控制、駕
馭的客體或對象，代表著我們今天發展的科
學和技術的知識；社會世界是規範、價值及
共同認定和協調的體系性期望，發展成道德
和法律的關係性生活；主觀世界是主體經驗
之表達，是主體的願望和意志的表達，形成
審美和宗教。從以上的行動理論的不同類型
和不同的知識世界的區分來看，行動者相應
於不同世界的態度和不同的關係，甚至知識
的形構，哈伯瑪斯認為這三種行動類型，它
們所代表的理性都是不完善的，因此需要另
謀出路，解決它們的偏頗和缺失，溝動行動
可以重建對理性的信心，即解決上述理性的
缺失的新論點，避免帶來宰制的後果，並兼
顧到其統一性和普遍性。

4.**溝通行動**：行動者之間的互動，藉助於談
　話或符號性活動，作為理解彼此相互情境
　和相應行動計畫的媒介，協調行動者的主
　觀世界、客觀世界和社會世界，並取得一

致性的整合。相較於其他三種理性的方
式，溝通行動的理性所具有的批判性，以
解放為知識的旨趣，進一步還可以處理我
們現實的問題和建構我們的新知識。

　　哈伯瑪斯認為只有溝通行動足以協調導
向客觀世界（外在、可操控的客體──科學
知識）、社會世界（規範、價值及共同認定
的期望──法律／道德）和主觀世界（主體
經驗的表達──審美），在行動中的行動
者，才「同時指涉存在於客觀、社會及主觀
等世界中的事物，以便協議對特定情境的共
同認定」。因此，相較於其他不同的行動類
型，溝通行動在本質上更具合理性的要求，
因為它符合各種不同的經驗導向，並作合理
的協調和發展的機制。所以，在哈伯瑪斯看
來，真正的溝通互動，其過程中比在手段／
目的或目的論的行動中，涵蓋更多的合理
性。

　　理性被理解為說話與行動主體所具有的

某些特質和意向，為說話者所必要的預設，
經由行動的開放、允許論辯，相互肯認、相
互協調，彼此豐富認知的世界，共同交織在
生活世界中，其中，在生活世界，相應得以
形成交互主體的溝通實踐媒介的即是語言的
作用。溝通是借助於語言進行的，語言的基
本所向，是對交換、傳遞的訊息內容，達成
相互理解。因此，哈伯瑪斯強調，致力於理
解的溝通行動，仍是最根本的社會行動，而
其他非溝通性的策略行動，如控制、說謊、
欺騙，都是由溝通行動衍生而出的，因為所
有的社會行動，都是透過語言為媒介。

二、普遍語用學

　　語言即是「服務於理解的溝通媒介」。
當我們問說：「語言是如何形成正常和成功
的有效性溝通」，我們的意思也就是說：

「溝通者的說話行動（speech act）是否滿
足有效性宣稱（validity claims）」。所以，
只有透過參與者在相互作用中，達到對他們
相互提出的有效性宣稱的交互主體性肯認，
理解才以協調行動的動機發生作用。於是哈
伯瑪斯提出，作為溝通理性的一般理論說明
——「普遍語用學」（Universal　Prag-
matics），它的目的是釐清我們說話時，每
一個發言（utterance）的普遍語用結構；
只有證成其有效性宣稱，理性才具有其普遍
性，溝通才可能免於無節制的無政府主義狀
態，還可以藉此展現理性的批判能力。

　　借助瓊斯基（Noam　Chomsky）對語
言（language）和言談（speech）之區分，
哈伯瑪斯說明了人的溝通能力（compe-
tence）。按瓊斯基的觀點，語言是指這樣的
一套規則，據此，我們能衍生出所有合乎於
文法的語句；言談，則是指在溝通對話中，
說話者能適當地使用合乎文法的語句於不同
的特殊情境。只要是正常的人，都具有溝通

能力，能掌握語言文法衍生的規則，以產生
合乎文法的語言，人就在使用語言的同時，
從中衍生出或瞭解無數合乎文法的語句。換
言之，語言的實際使用行為（即談話）的規
則並無普遍規則可言。哈伯瑪斯修正瓊斯基
的說法，認為語用是存在著一些條件或規則
的，因為因著文法語句置於不同的相關情
境，就構成與指涉世界的關聯性（reality-
referring），使聽者因而能夠由說話者的相
應情境，來判斷此一語言之使用恰當與否，
不然溝通行動的互動作用就無法成立。

再者，哈伯瑪斯也根據奧斯汀（John
Austin）和塞爾（John Searl）的言談行動
理論，說明說話與指涉世界的關聯。言談行
動理論主張，言談除了說出關於命題內容的
部份，還有非語句的力量（illocutionary
force）部份，後者正好表達出一種「約定」
的人際關係，是說者與聽者共同建立的一種
默契。任何一個言談行動，不僅僅陳述事實
而已，它還包括一項承諾的性質。成功或正

常的言談行動，聽者除了知道所傳達的命題
內容，並且能接受說話者所允諾的人際關係
模式。

　　普遍語用學指出，任何說話者在溝通過
程中，都要求必須滿足四項「有效性宣
稱」：

1. 說話者必須選擇一個能夠被他人理解的表
   達，以便說話者與聽者能夠從語言結構中
   獲得正確的相互理解。
2. 說話者提供關於知識和陳述必須是真實
   的，或者被陳述的命題必須滿足真實性條
   件，以便聽者能夠分享說話者的知識，以
   進交流之旨。
3. 說話者選用的言談方式必須是正確的，也
   就是說，說話者必須一致地同意他們所確
   立和在其界限內言談行動的有關規範性的
   言說交流背景，從而使聽者認同。
4. 說話者表達自身的意向必須是真誠或可信
   的，即表裡一致，因而可以獲得聽者對說

　話者的信賴。

　　換言之，語言使用在溝通行動中，必須
具備可理解性（comprehensibility）、眞理
性（truth）、眞誠性（truthfulness）、適當
性（rightness）這四項有效性宣稱。這四項
「有效性宣稱」，構成每次溝通行動者同享
的背景共識，說話者必須預設並滿足這些普
遍且不可避免的條件，溝通行動才可能得以
持續，或者至少行動本身是理性的。哈伯瑪
斯指出，每一位說話者皆必須擁有的基本能
力，稱爲溝通能力（communicative compe-
tence），它包括了個人參與和形成溝通的認
知、說話和互動三個面向。

　　上述四種有效性宣稱，除了第一項要求
涉及到語言本身結構問題外，後三者要求分
別與客觀世界、社會世界和主觀世界有著邏
輯上的關聯。相應於客觀世界、社會世界和
主觀世界的有效性宣稱的類型分別爲：

a.有關說話者表明的活動進程，必須是以達

到目的最有效和最充分的手段作斷言。

b.關於行動，必須正確和常態地依循相關的
　規範性聲明。

c.在說話行動中，表達出來的主觀經驗是眞
　誠可靠的保證。所有的說話行動都含有這
　三項有效性宣稱，儘管在不同的世界有著
　不同的說話行動所強調的一方。

　　因此，哈伯瑪斯認為溝通能力不僅僅是
普遍的，同時也是經驗的，因為它是在社會
中實際有效的運作著。

　　言談行動在有效性宣稱中所指涉的不同
世界，其特性正是使得有效性宣稱在認知上
可以被驗證（cognitively testable），說話
者與聽者就具有了承認、接受或拒絕作為依
賴的普遍理性的基礎。理性的各個向度，在
語言表達式中得以體現，說話的有效性之全
部實現，也就是理性統一的實現。哈伯瑪斯
經由對溝通前提的設定，為正常的溝通尋找
到發生學（genetic）的基礎，同時，他也在

某個意義上逃脫了相對主義的陷阱，使溝通
理性有了較客觀的評判和檢驗標準。因而語
言不僅有認識上的意義，而且還具有實踐上
的意涵，語言與行動相互解釋。普遍語用學
賦予了語言規範性的功能，理性則保持了其
批判性和統一性的雙向功能。因此，溝通能
力所蘊涵和展現的是一種溝通的理性，「理
性」即是在交互主體性之間的開放、誠信和
符合普遍性的要求。

　　社會批判理論應理解為在一定程度上把
其所發生之語境復原了回來，並且依靠的是
社會化過程中的語言中介所蘊涵的理性能
力。其中，這樣的建制工作能不能成功，就
看是否能確立某種規範的科學，這種科學是
將參與言說者的認識當作為假定性的建制，
使其成為明顯的制度規範，任何人想要參與
一般性的論辯，就必須知道並運用這一項規
範性的知識。

　　哈伯瑪斯承認，透過維根斯坦（Ludwig
Wittgenstein）轉向語用學，目的是要超越

分析哲學所深陷於其中的描述主義困境。溝
通行動理論指向言談行動的能力，以言談行
動說明言說的全部原則。他認為，溝通是根
據一連串的規範和要求為前提，談話者透過
對規範或先決條件的遵行，才構成所謂的有
效性宣稱。哈伯瑪斯從規範論證來為行動是
否「正確」或「妥當」提出合理的依據，這
和觀念論的「真理」概念或實證主義的「事
實」概念無關，確切地說，是指其用以分別
描述規範語句與敘述語句性質之用語。

公共生活是在進行一場語言活動，這種
語言活動恰當地應被理解為一種「言說」，
而且，既然是規範，它也就是一種「實踐言
說」。因此，互為主體的競爭不是一種無政
府狀態，哈伯瑪斯必須設想某種規範，但又
必須避免公共權威的借屍還魂。言說原則與
法學意義下的規範論證相似，溝通理性之所
以被理解為具有理性判斷的能力，就在於以
言說為基礎，言說既作為「程序」之概念，
又作為「理性」的概念，遵守此一程序規

範，方可稱作為「有效」，在實踐理性上則
論證其「合法性」。

　　溝通行動的開放和批判，並不是意味著
對於種種不著邊際的論辯的認可。任何溝通
的存在，必定預先假定規範的存在，並遵守
此一規範，以實現在說話者之間，獲得有效
性宣稱。規範符合公共性原則，用哈伯瑪斯
的話來說，就是所有不間斷或者沒有受到干
擾的溝通，都以一個「理想的言談情境」為
前提和設想，在此，溝通不僅不受到外部偶
然性影響的妨礙，而且不受到由於溝通本身
結構所造成的力量阻礙。對於規範的要求，
必須能符合理性論辯的原則，言說的規範所
涉及的，也不僅僅是語言陳述之邏輯關聯，
更重要的是，它可以指向言說者之態度，即
語言使用者與語言之關係，其中也包含了說
話的主體，以及主體與主體之間的關係。換
言之，個體的自主性，充份地顯示在語言的
活動中。

　　毫無疑問，理性言說的規範即是一種普

遍語用學。然而，另外值得注意的是，理性
在此被視爲是對規範的遵守，並獲得彼此認
可接受的結果，所以，它與絕對的事實無關，
而與程序的操作有關。我們又可以稱溝通理
性爲「程序理性」。普遍語用學是從所有言
說不可或缺的立場出發，並根據理性言說爲
背景作爲參與者共同的態度，以尋求對問題
的合理解決。哈伯瑪斯的分析是一種語言的
康德主義，即將所涉及的言說規範設想爲先
驗（「普遍」即有先驗性的意涵），以及構
成我們經驗的條件，而且透過言說的規範，
以統一邏輯與經驗的關係。

　　換言之，任何的溝通都「不得不」接受
此一言說規範。只是哈伯瑪斯爲避免落入康
德基礎主義的箝制，把意識哲學的「先驗主
體」變成了「準先驗的互爲主體」，誠如他
所言：

　　對規範有效性宣稱之言說式補證的期
望，已經包含在互爲主體性的結構中，使得

特意引入的普遍化公理變得多餘，……在接
受實踐言說時，我們必然會設想理想的言談
情境，這種言談情境憑藉著自己的形式特
點，只容納經由普遍利益而產生的共識。
……它完全基於理性言說的基本規範。如果
我們終歸要交談，我們就一定要預設這些規
範。可以說，一般語言的這種超驗性能夠在
普遍語用學架構內加以重構。

　　換言之，主體是說話的主體，權力的行
使與言說行動發生關聯，因此，只有在語言
使用之普遍性構成、在言說過程中，對任何
個體而言，均屬相同之共通結構時，合法性
的問題才可能透過有效性宣稱獲得確證。

　　透過溝通所達成的一致，不僅同樣，而
且永遠取決於兩種意識交流方面正確的，或
有意義的符號的安排，即取決於對於一系列
符號意義有一共同的、相互承認的認識。只
有這兩方面的理解都得到滿足，對於說話者
而言，才可能從他們自己的、同時也從他人

的觀點中，認識符號的意義；沒有這種觀察交流，說話者只能採取不能用語言表達的動物性立場，而且淹沒在難以理解的和個人言語的整體中。普遍語用學的論點正是企圖由所有言說必不可少的規則出發，進而確證其他各種規範；再者，則涉及理性言說理論的背景共識，亦即預設參與言說者是嘗試以嚴肅的態度，透過理性言說來尋求對規範問題的合理解決，因此，普遍語用學的提出，被視爲帶有理性的嚴肅性。

　　我們可以發現，哈伯瑪斯對語言的討論，不僅僅是研究語法、句法結構等相關理論。在溝通行動理論的意涵下，語言實際運用的能力與條件，必須置於溝通情境下才可能被理解；有效運用語言能力的溝通，意味著溝通能力的規則意識被設定，這種規則意識哈伯瑪斯稱之爲「先驗的知識」。溝通活動的進行，只當兩個或兩個以上的主體作爲參與者時，語言一方面具有「認識的作用」，另一方面還有「互動的作用」；前者

是對發生或將要發生於世界中的事件進行陳
述，後者則是將說者與聽者帶入一種互動的
關係中。所以，哈伯瑪斯說：只有當參與者
在相互就某些事件進行溝通時，也就同時進
入溝通的兩個層次上──他們由此建立人際
關係的交互主體性和陳述性內容──語言的
溝通才能發生。換言之，理解意味著交互主
體對實際存在的某種事物取得共識，在確認
的規範性、正確性基礎上，達到主體與主體
之間的協調。

　　作爲社會理論的溝通行動理性，它期待
「在可相互認可的有效性宣稱的前提基礎上
導向認同的過程」。溝通所欲達到的理解，
不是一般詮釋學意義下的理解，所以，理解
絕非僅僅看成是主觀範圍內的事，因爲理解
的目的是導向主體與主體間的相互協調和肯
認，即「共識」（consensus）的形成。換言
之，共識是理性的成果，而且是以交互主體
性的開放和參與爲前提，主體與主體間爲認
同而有約束，也是在相互協調和肯認的語境

和意義下爲條件。可以這麼說，當人們第一
次開口說話時，理性的基礎即存在其中，共
識也是在相互的溝通邏輯下，趨向於統一的
理性的內在要求。從根本上來說，溝通理性
是從兩個面向給予展開的：一是透過意識形
態批判消除虛假、扭曲的溝通；二則是對理
性要求在統一的追求上尋找共識，可謂「一
破一立」，兼具消極和積極的辯證性。

　　針對以上的說明做個概括性的小結。我
們可以這麼說，理性的行動結構刻劃出四個
概念的過程：

1. 行動者的三種關係和相應的客觀世界、社
　 會世界和主觀世界的概念（按：行動理
　 論）。
2. 命題眞實、規範正確、眞誠可靠的有效性
　 宣稱（按：語言的媒介性功能）。
3. 理性的動機一致性概念，即基於對可批判
　 的有效性宣稱的交互主體認識的概念
　 （按：普遍語用學）。

4.達到理解的概念，即認爲理解是對情境共
　同定義的合作性協議（按：共識理論）。

　　哈伯瑪斯的溝通行動理論可視爲「理性
的言說」（rational discourse），所謂的
「理性」，即是經由個人與個人之間相互要
求的講理（giving of reasons）和以理據爭
（reasons against），協調說話行動中的社
會條件，以創造理性且邁向解放之途的開放
社會。

　　現代世界的困境就是企圖在語言的使用
上，以「成功取向」替代「理解取向」；語
言在形式符號化中，被迫形成工具性格，甚
至造成強迫、扭曲的溝通。現代社會的意識
形態就是科技的意識形態。哈伯瑪斯認爲，
語言就行動主體使用的原初模式而言，爲了
達到理解，語言的使用蘊涵了將言談行動的
互動關係，作爲說話者的自我表白，而且這
樣的表白過程反映了某種人際關係網絡，是
互動的理解取向，而不是策略性、工具性的

成功取向，因為後者即是導致語言變成宰制的權力的因素。普遍語用學因而要求，透過重建說話和行動主體那種隱態、前理論的知識，化為顯態、系統可理解的知識，在日常生活的溝通活動中的陳述或行動可以為他本人或其他有關的說話和行動主體來加以維護或批判的，尤其進者，還可以為自己的維護或批判提出根據或理由。總之，溝通能力的恢復，意味著理性的恢復，亦即恢復主體說話或行動的可批判性。溝通理性不但揭示了封閉性語言的工具性意識形態，它還進一步提供反省的機制，即溝通的能力，亦增加了我們的新知識。

三、溝通能力

「溝通能力」的增進包括三方面的表現：第一，培養溝通能力的企圖，必須依靠

說話者之間發展有目的的「相互關係」。這種相互關係必須有利於促進「對話角色不受限制的可交換性」。真正的公共生活，是個體和群體的說話和行動不應該在抽象地定義，或在所謂絕對必要的意見和規範之前被合法地犧牲掉，真正的個體與個體之間的溝通，取決於「彼此承認」的個人說話之相互自我表現上。不能將哈伯瑪斯的溝通能力與瓊斯基的語言能力混為一談，因為「說話決不僅僅是一些句子。即使說話並不特意使語用學的關係成為說話者的主體，由於說話不拘語法方式的力量，所以，說話從一開始就被納入相互理解的個人之間的互動中」。

現代社會的權力關係表現在公共生活中。公眾的溝通能力，不僅現在而且將來還取決於個體對於對話構成規則的實際掌握，以及他們的說話行動在個體與個體之間互動的語言構成範圍內完成。作為中介的語言活動，行動者的主體性同時意味著「互為主體」的關係。

　　從相互作用和個體化作為公共生活的兩
個必要條件之意涵中，可以推論出第三種表
現，即「無拘無束的批判性討論」。擺脫了
來自上層的任何權力形式的官式化言說，眞
正的公共生活的公開討論，即不會受到拘
束，因此可以暢所欲言。公共論域，在這個
意義下，可以創造出持續、不受約束或強迫
的公開論辯，無限制或壓迫的溝通，提供公
平的機會參與討論，公衆中的少數可能在其
中獲得更多人的承認，只有這樣，我們才可
能對種種普遍眞理的假定做更廣泛的質問。
「行動主體間的交互性正是這樣一種觀點，
在溝通行動中，一種至少是不徹底的交互關
係乃是透過被捲入各方之間的關聯中得以建
立」。眞正的公共生活，必須根據合理的語
言原則構成，社會政治原則的有效性不再取
決於掌握這些原則的群體，或個人所確立的
權威，語言的規範原則可以從論證中獲得。
　　溝通社群的語言規範有效性宣稱是理性
的作用，憑藉於這種理性，接受規範形成一

種信念，即「規範的認知因素並不限於已規範之行為期望的建議內容。規範有效性宣稱本身具有假設意義上的認知性，儘管是違反實際的假設。它可以用論述補證的，即它基於參與者透過論辯達成的共識」。社會中的公共輿論，應該被認為是真實的，如果它是根據獨立自主的公共生活的三個條件（相互關係、個體化、批判的論辯）達到的話，這些條件將最大限度地促進了個性化、平等的和有溝通能力的公民之間，順利展開批判性和非強迫性的論辯。

　　普遍語用學一開始就為自由和理性的溝通來做辯護，同時也與權威主義相對抗。這表示說，當政治言說和行動的溝通能力遭到威脅時，生活世界的動因也就面臨危機。普遍語用學也責成自己，在說話者之間實際存在的共識，並沒有天真的將關於權力和利益的理論宣稱那樣具有最後的決定性。這是不言而喻的。因此，從溝通能力的闡述中，我們可以說，哈伯瑪斯所設想的生活世界是一

種公共生活的政治行動，這樣的行動必須始終接受、並對於政治行動的潛力和可能後果的預見有估算能力的指導。

在政治上的能力，不等於知道在任何時候或任何情況下什麼是對公眾有益的；所以，政治行動不應該幻想它自己有能力直接掌握一切，因為這是自我虛構過程中的危險行徑。當科技既作為第一生產力，亦作為意識形態時，它不僅僅是導致「去語言」的後果，更可怕的應該是，溝通能力可能因而倒退和鈍拙。

如果說溝通能力是一種對權力批判的直接體現，我們也就可以說語言正是作為檢視權力的媒介。具體而言，語言的自主即是權力的自主。哈伯瑪斯對於現代社會理性偏差的對策，主要是針對秩序的合法化提出論說的方式，而不在於秩序的建立，現代制度必須尋求支持「權力的產生」，和「權力的行使」的合法化、理性化的根據。

溝通行動是一種實際的批判考察，透過

它，能使糾正和改進的工作獲得進行，使管
理工具的形式化邏輯不致濫用、誤用。在公
共生活中，溝通使我們共同遵守程序理性的
理想言談情境，得以擺脫支配的討論，以達
到真正的一致性，實質的民主即是決策的民
主，只有這種方式才真正算作是理性化。

　　哈伯瑪斯並不否認理性存在著合法性的
危機，但是，他要我們讓理性的種種判決服
從於實用的檢驗，真理是主觀與客觀、認知
與實踐的統一，不確定不是溝通的阻礙，相
反的，溝通的成果恰好體現了邁向多元和團
結一致、同時又保持著其自主和理性的關
係。批判不是無的放矢，而是為取得黑格爾
般「承認的鬥爭」（*Kampf um Anerken-
nung*），溝通的民主進程為忠實的歧見留下
充份的餘地，為異議而不只是共識，提供最
大限度的機會，保護少數人免受多數人誹謗
他們的合理性的傾向。也許，有分歧的洞見
可能被社群以充分的理由給予拒絕，然而它
們應受到保護，因為它們的分歧，正好暗示

著尙未實現的存在之潛能。

溝通作爲民主生活的典型，讓我們學會用理性的聲音對自己和他人說話。這裡存在著對「引用理性解決我們的分歧的可能性」、釋放出「被裝入溝通結構本身當中的解放潛能」的可能性，以及達到一個從溝通上看到「理性的社會」的可能性和希望。按照實用主義的立場，現代社會是由有意義的領域之擴張而非收縮、由於理性的解放而非受束縛、由於生活世界的生機勃勃，而僅非爲擺脫幻想得以被體現；哈伯瑪斯所謂的「理性溝通」含有「可用」的意涵，即可以「實際的解決我們的問題」。從「合情合理」到「通情達理」；理性化意味著進步。

因此，檢驗一種合理的意味著不僅要超出溝通的範圍，還要爲我們的行動承擔責任，這種行動不只是論辯的行動，也是調節的行動，它有實際的後果，也預設類型不同的倫理學。換言之，倫理的意涵不止於言說論辯的公開化，而是行動的責任化，它們比

關於充分忠誠和終極目的義務論倫理學的要
求還更多，形式的言說倫理應該持續爭論，
只要任何的宣稱不顧及事實，仍試圖將統一
一切的理性強加於世界時，理性就無法獲得
其合法性。以普遍語用學的規範作用，建構
現代社會的具體成果，「理性的爭論」像是
法庭一樣，除了以正當的訴訟形式之外，爭
論則無法進行。

　　哈伯瑪斯的溝通行動論，是從對維根斯
坦的語言批判，完成了從純粹理性向實踐理
性批判的過渡，再將它結合到實用主義的符
號互動理論。受到美國實用主義者米德（G.
H. Mead）的影響，哈伯瑪斯得以從行動理
論中，展開社會重構的自我意識和批判理
性，即「以符號互動為中介的互動提高為理
性的新典範」，理性成了實質的解決社會衝
突的機制。事實上，我們並不需要特別把
「共識理論」視為哈伯瑪斯理論的全部，重
要的是將一切置於批判的爭論中，「確切的
說，我們逐漸習慣允許在『真理』存在的問

題王國裡與異議生活在一起，這也就直截了
當的把那些引起爭論的有效性主張『暫時』
的擱置」。也就是說，在溝通形成的情境中，
對於「真理」的主張加以反對，比堅持原則
立場更爲直接，在經年累月的競爭中，異議
終必將納入理性的共識中，而非僅是消極服
從理性。

　　「反事實性」的普遍語用學，是人類言
說中支配著理性溝通最一般化的標準，允諾
達到理解的過程的理性化預設。以達到理解
爲目的的溝通活動，都包含著潛在的、不受
語境制約、以及要求迫切的社會標準，想要
使它的結果被判定爲合理的，就必須符合這
些標準，完全實現這個標準，即是「理想的
言談情境」，總之，普遍語用學詮釋了「理
性的程序概念」、「論證的實用邏輯」。

　　當然，在程序上百分之百合理的溝通也
許不可能達到，可是，藉由向社會所有成員
展示合法化過程，闡述以前對合理性裁決有
免疫力的各種規範，我們至少能保證此運動

能夠朝著正確的方向發展。溝通理性是為程
序理性的言說，它有助於增進實質的民主，
使人們自由地就民主意志形構和政策連續的
唯一基礎達成共識，並也為此留下了餘地，
即在合理的贊同之時，又可以根據這個原則
預留了進一步獲得修正或推翻的可能，形成
擺脫統治或強制的權力的能力。

　　透過古典社會學的理解，現代社會關係
是不斷透過現代法律形式組織起來的，現代
社會是伴隨著合法化的作用推進的，現代社
會的具體成果不容輕易否定。由於「不是文
化的價值的分化和獨立發展，導致溝通的日
常實踐的文化貧瘠，而是專家文化和溝通的
日常行動的關係網絡的嚴重疏離導致溝通的
日常實踐的貧瘠」，因此，官僚化、金錢化
的物化或扭曲現象，應被理解為某種合法化
的病症結果，只有透過合法化的追問，依賴
作為調節行動的機制、相互理解的規範和行
動脈絡的生活世界，溝通行動是「保護功能
上必然依賴以價值、規範和相互理解過程為

中介的社會整合之生活領域，免受不斷自在
增加次級系統（政治和經濟）要求的影響，
以及保護生活領域不透過控制中介權力，並
被轉移到不起作用的社會化原理上」。

　　可見哈伯瑪斯一直都沒有離開《知識與
人類旨趣》一書中所規定的「解放的旨
趣」。解放的旨趣成了某種烏托邦期望，溝
通行動理論所舖展的理性重建，即是「允許
自我反思理論的發展，在這個方式上，重建
乃可以間接地連接到解放旨趣，而後者乃單
獨直接地進入了自我反思的能力中」。這裡
所謂的自我反思的能力，就演變成溝通能
力，即在溝通行動中，預示了自主和負責的
溝通。語言在理性討論和辯論中凸顯了交互
主體性的互動關係，「透過語言的結構，自
主和負責呈現給我們」，理性的重建隱藏於
符號化構造過程背後的衍生性結構，完成意
義的解釋。

　　理性已不再是傳統那種以「意識」作為
框架，經過語言轉向後，理性已經納入溝通

範疇中，成為互動的理性；前者是近代哲學
的「主體哲學中心」的論述方式，後者則是
哈伯瑪斯「互為主體哲學去中心」的互動原
則。因此，所謂的社會，也是透過語言而建
立互為主體性的關係結構，這樣的結構體現
為溝通行動的網絡，在說話和行動能力方
面，考察其理性化的程度成了一個社會批判
理論的新途徑。總之，溝通行動的社會實指
解放的社會（emancipated society），歷史
也體現為社會整體發展中具有黑格爾般自我
陶成（self-cultivation）的歷程。

　　以語言作為媒介的溝通行動，擺脫了主
體哲學的獨白，也統合了理論與實踐、理智
與行動之間的關係。「理性」的概念重新被
把握，是交互主體性溝通行動的結果；理性
的介入並不是強制工具，相反的，理性被視
作有限的、開放的、暫時性的共識原則，所
以，理性並不因此被否定，要不然人們的語
言活動將一併的被取消。與傳統馬克思政治
理論不同的是，哈伯瑪斯的特出表現在「語

言轉向」的效用上，將國家學說與近代契約
論的討論作了大膽的綜合，從「言說」的問
題方面重新理解「權力」的概念。更重要的
是，就從公共論域的岌岌可危看來，現代性
可能因而中途報廢，語言轉向帶來的了演化
動力，給現代社會一個新的希望，避免落入
後現代情境中一股悲觀、無調的氣氛。

　　現代社會的合法性危機，即在於把「實
踐的問題」（理解取向）化約成「技術的問
題」（成功取向），政治淪為專家統治主
義，嚴重扭曲或背離了現代性的原委。現代
性正在途中，溝通能力的遲鈍、倒退、弱化，
都將帶來公共論域的萎縮和損害，公共論域
的貶值，則將可能危機地導致現代性半途而
廢。溝通行動理性是否成功的落實，即是理
性是否獲得救治，並獲得正確發展的關鍵。

第八章
生活世界的理性化

一、日常生活的先驗性

　　「生活世界」（life-world）這個概念，在哈伯瑪斯的理論建構中緊接著公共論域的概念後而來，這兩者之間的親緣性在於一種「言說」的作用。從《知識與人類的旨趣》一書開始，哈伯瑪斯就已經注意到「生活世界」的概念，但這個概念真正獲得全面展開要到《溝通行動理論》（卷二）一書出版。

　　哈伯瑪斯提出了「生活世界」這個概念，指陳出溝通行動在經驗場域上究竟是如何促成社會演化或理性化，即將理性的重建，進一步推進到實踐的層面上去。《溝通行動理論》第二卷不單就這個核心議題予以闡明，而且還將它置放於與「系統」的對立上來展開。

　　首先，哈伯瑪斯引進「生活世界」這個概念，作爲溝通行動的互補概念而引進；「沒有扭曲的溝通」在公共生活中的推進，即在激進的公共論域的理念型中獲得了說明。生活世界一方面是構成公共論域的背景知識和主題，另一方面又賴於公共論域而始獲得更新和再生。溝通行動的三重功能是：「達成理解、協調行動和使行動者社會化」；與之相應的，生活世界也有三組對應的結構要素：「文化（溝通行動者的背景）、社會（溝通行動者認可的合法程序）和個體（溝通行動者的自我同一性、言說實踐和溝通能力）」。公共論域中生活世界符號的再生產，即在文化的更新、集體的公共意志之構成，以及培養自主和負責的個體，才算完整。哈伯瑪斯發展了「生活世界」這個胡賽爾晚期著作中的核心概念，卻與胡賽爾的現象學式理解有著很大程度的不同。

　　哈伯瑪斯認爲，在我們的日常生活中，生活世界的存在對經驗而言是無庸置疑的。

生活世界是不固定的、可滲透的，但卻是牢不可破的界限，此界限不可被超越，也不會被窮盡。關於生活世界的知識，之所以能傳遞某種「絕對的確定感」，乃是因為我們對其「一無所知」，這種悖論的特質，正是由於我們對生活世界之把握，屬於先於反思的認知階段。換言之，生活世界是某種前邏輯性、前技術性、前工具性的存有論境域，生活世界的豐富在於它植根於我們直接經驗的生活感受，雖然我們不易完全把握其確定性，但也正因為如此，在交替著種種關係的經驗網絡中，並承諾開展更多的可能性。

哈伯瑪斯主要是從符號互動所產生的日常生活中的開放性、交互性的認知行動結構來理解生活世界的，所以，他對生活世界下一個扼要的定義為：「聽者與說者所交會之先驗處」。說者與聽者即是語言的溝通性結構，亦即生活世界的結構。語言活動形成的交互主體性行動，構成某種內在的境域，以達成理解取向的互動和整合，這種經驗相對

應於系統的世界，其中包括了三大結構組成
的部分：「文化、社會和個體」，所有生活
世界都共享著一定的溝通結構。

哈伯瑪斯說：

> 我所說的「文化」，指的是可隨時動用
> 的知識儲備，在這個儲備中，當溝通的參與
> 者對他屬於一個世界的事物相互交換看法
> 時，最大限度地作出他們的解釋；我所說的
> 「社會」，指的是那些合法的秩序，借助於
> 這些秩序，溝通的參與者調節著隸屬於他們
> 的社會群體的成員，並因而保證他們之間的
> 團結一致；所謂的「個體」，指的是主體經
> 由獲得言說和行動的功能的那種能力和資
> 格，也就是由於這種能力和資格，主體取得
> 參與相互理解過程的功能並在其中確定他的
> 身份和特質。

生活世界不是先驗主義的基礎，而是詮
釋學意義的「先見」。公共論域是在生活世
界的社會化、志願結社和有組織性溝通形式

的結構中,這些結構已經被建制化,或正處
於建制化的過程中。換言之,公共論域是指
已經或正在建制化的生活世界。「文化、社
會和個體」構成生活世界的三個要素,與公
共論域的權力言說形成有著不可分割的關
聯,公共論域自由而平等地參與論辯的意志
構成,即是生活世界的建制化。生活世界的
理性化是社會化的根源,合理的生活世界的
建制化成果以憲法和實證法的形式獲得落
實。

在溝通或在認知過程中,生活世界是以
一種獨特的先於反省的形式,存在於背景假
定、背景感受或背景關係中,每一位溝通之
參與者的相互理解,均有賴於它的支持,其
特徵包括:確定不移、背景性格、不可能加
以探求。生活世界是如此不成其為問題,因
而我們不能隨自己的意思,意識到它的這個
或那個部份。生活世界的某些要素之成為問
題乃是一個客觀過程,有賴於由外而來的問
題,由於某些東西在我們的背後已經成為問

題了。生活世界的存在是無庸置疑的，其衍
生的種種現象才是我們追問的焦點。

　　按我們的理解，哈伯瑪斯對生活世界所
做的詮釋深受維根斯坦之影響。維根斯坦嘗
言：「想像一種語言，意味著想像一種生活
方式」（*Philosophical Investigations,*
19）、「說語言是一種活動的組成部份，或
者是一種生活形式的組成部分」（23）；現
象學大師胡賽爾也在其晚年的論著中提及
「日常生活世界」的概念。可是，哈伯瑪斯
顯然已經將這個概念轉化成行動理論和社會
理論之關聯作反省，以凸顯語言和行動導向
的背景構成。事實上，受到米德（George H.
Mead）和涂爾幹（Emile Durkheim）的影
響，哈伯瑪斯把社會理論建立在人的行動根
本是溝通導向的看法上，加上「語言轉向」
對溝通能力的確立，決定著他將生活世界當
作符號互動的社會理論來展開；換言之，只
強調以個人或以意識為中心的行動和世界，
均不足以稱之為生活世界，胡賽爾和舒茲

（Alfred Schutz）的現象學的錯誤即在於此，只有經由語言或符號的互動所構成的溝通關係，這樣的背景性關聯才真正構成所謂的「生活世界」。

溝通行動依賴於情境脈絡，以作為互動參與於生活世界的調節。生活世界的概念可以為連貫行動理論和社會理論的基本概念提供確證。哈伯瑪斯於是認定，溝通行動必定是假定了某種先於行動，又構成行動的知識背景或知識儲藏庫，準先驗的生活世界概念，與實踐的溝通行動的概念相互依存，溝通行動表達生活世界的內容，生活世界構成溝通行動的基礎，兩者之間形成相似於「詮釋循環」（hermeneutic circle）之關係。

在溝通過程中，生活世界總是先於反思、潛藏在我們進行理解活動背後的某種要素，是互動賴以呈現的動力和基礎。生活世界同時包含了世界的「主觀、客觀和社會」三個面向，這三個「世界」在日常生活的溝通中總是交織在一起。對哈伯瑪斯而言，生

活世界即互爲主體的往返活動的先天性概
念，語言扮演中介者的角色，說者與聽者在
其中相遇，相互以「有效性宣稱」協調他們
的活動，或尋求理解，或凝聚共識，發展了
內向能力的行動；也就是說，相互理解行動
之理性朝向轉譯和釋放社會群體生活世界之
理性化，語言在此完全達到「理解、協調行
動和個人社會化」的功能。因此，語言就變
成一種中介，經由此中介使得「文化再生
產、社會整合與社會化」得以發生。

　　語言的溝通結構即是生活世界的結構，
也就是說，生活世界與說話有關的行動，符
號再生產成了生活世界的特徵。生活世界的
結構依賴於這樣的發展邏輯，在溝通行動的
結構限制內變動，它假定了一種學習過程，
使生活世界的結構分化預示理性的增加。換
言之，理性的重建亦即生活世界的理性化，
生活世界的無限潛能預示著理性朝向解放之
可能性。

　　生活世界也不能理解爲家居生活。一方

面，生活世界是由於個體的能力以及直觀知
識構成的，正是因為具有這種能力和知識，
人們才能應付一個境況；另一方面，生活世
界也是由於社會實踐和直觀知識構成的，正
是因為對這種實踐和直觀的信賴，人們才能
置身於一個情境之中。換言之，溝通行動植
根於生活世界之中，溝通能力取決於生活世
界之理性化。溝通作為交互主體性的關係，
語言在「日常生活實踐本身，已經建立在觀
念化的前提的基礎之上」。哈伯瑪斯對生活
世界的理解，主要強調它的非顯題性和奠基
作用，個體的生活歷史（私人領域）和交互
主體性地共有的生活形式（公共領域）都一
同交織在生活世界的結構之中，並且，一同
參與著對生活世界的總體化過程。非顯題性
的知識或背景知識是「一種前反思地當下存
在的狀態」，奠基作用「直接的可靠性」和
「無疑的確然性基礎」或「意義基礎」。前
者是詮釋學，後者是先驗的語言。兩者結合
之下就形成生活世界的先驗性。

　　生活世界的先驗性是「如果對世界的知
識的定義在於它是後天被獲取的知識，而語
言知識相對地說是一種先天的知識，那麼這
種背景就可以得到論證，世界知識和語言知
識在生活世界的背景中成為一體」，與現象
學式的進路不同，生活世界的先驗性並非停
留在詮釋學論域之中，恰好在這一點上，哈
伯瑪斯與伽達瑪分道揚鑣，以推進公共言說
批判的作用，正如哈伯瑪斯所說：

　　溝通行動也是在一個生活世界中進行
的，這樣的生活世界提供了對一個堅實的背
景統一體的支持，一種能夠承受風險的支
持。溝通行動所具有的那種明確的理解功
能，乃是在那種共同無問題的信念的境域範
圍中活動；經驗和批判常常會引起不安，但
這不安一旦遇到那種由統一的解釋模式、忠
誠和能力所組成的、看上去廣大而堅固、具
有穩固、深厚根基的基石便會被擊得粉碎。

　　當日常意見和行動的實踐之奠基性層次

獲得重視，也就把傳統哲學的主觀性或相對
性問題束之高閣，緊接而來的，是主張「先
驗意識應當在生活世界的實踐中得到具體化
的說明」。哈伯瑪斯的「先驗性」與康德無
關，而與維根斯坦的語言先驗（生活形式、
文法規則、語言遊戲）有關。在語言對話的
啓迪中，人們所共同居住的生活世界的社會
論域，爲我們提供理解溝通理論中「社會」
這個概念，社會批判理論的規範基礎繫於言
說行動中。

因此「個體的同一性和集體的同一性，
這兩個術語不應當作爲認識論構成理論的基
本概念，而應當作爲溝通行動理論的基本概
念得到展開。我們必須先區分這兩個向度，
然後再將行動聯繫與客體領域的準先驗
（quasi-transzendental）構成連結起來」。
生活世界這個概念的非形上學化歸功於語
言，溝通行動的規範化也歸功於語言，公共
性繫於日常生活的言說實踐中；生活世界構
成了公共論域得以展開的背景知識，使溝通

行動獲得推向公共論域的實踐，理論與實踐
獲得了統一。

上面所提及關於生活世界所包含的「主
觀、客觀和社會」三個世界，與之對應的是
「文化、社會和個體」三方面：

1. 人們經語言的相互交換，能共同享有一定
   的文化遺產，以及共同享有詮釋此文化遺
   產的方式，甚至共同享有更新該詮釋的權
   利。
2. 人們經語言的互動，討論行動的根據，而
   能建立彼此都能接受的行動規範，形成群
   體的歸屬、認同感以及強化社會的整合。
3. 對個體而言，因著不斷的成長和學習，建
   立起個人之行動能力和完整人格。於是，
   我們就生活世界中三種不同類型，發展不
   同的詮釋方式：關於文化或符號系統的、
   有關社會或制度的，以及導向人格和自我
   方面的，分別又可理解爲：

   3.1. 行動者擁有內在且共享有關文化傳

統、價值、信念、語言結構及其在互
動中運用的知識儲庫；

3.2. 他們知道如何組織社會關係，並知道
協調互動的方式和模式的正確或適當
與否；

3.3. 他們理解人們想要什麼，他們如何行
動，以及什麼是正常的行動等等。

生活世界就交織在這三方面的結構
——「文化、社會和個體」之中，並經由導引
著的溝通行動的三個層面——「相互理解、
協調行動和社會化」，以滿足社會相應的需
求——「文化再生產、社會整合和個人社會
化」的需要。生活世界的三大結構分別植根
於談話的不同構成因素——「陳述性、以言
行事性和表達性」。總而言之，生活世界依
賴於語言的結構，所謂生活世界的再生產，
即是符號的再生產，理性產生於語言（溝
通），理性化的可能性主要源於此。

哈伯瑪斯從約定結構（conventional

structure）的演化觀點，把握生活世界的理
性化，其表現爲三方面：

1. 生活世界的結構分化，即文化、社會和個
   體的自行分化；
2. 形式和內容的分離，即從具體的內容發展
   成一般性原則；
3. 符號再生產的反省性增長，不同的再生產
   過程之功能性分化。

　　哈伯瑪斯想要指出，這樣的社會演化發
展邏輯，其根源性來自生活世界的理性化，
因此生活世界的理性化在於表現它的原初性
和自發性。

二、系統的分化

　　在社會發展的結構方面，生活世界理性
化有賴於相對應的學習過程，但是，我們同

時注意到社會發展又受到某種自我維繫問題
所操控的動力學結構影響，不同於前者的學
習過程，後者的導向性模式是一種系統性的
變遷。

　　現代西方社會的擴張，理性被視爲關鍵
因素。受到帕森斯系統分析的功能論影響，
哈伯瑪斯「把社會視爲一個實體的啓發性建
議；這個實體的演化進程中，既分化爲獨立
的系統，又分化爲獨立的生活世界」。而
「系統的演化以社會控制能力的提高爲衡量
標準，文化、社會和個體的分離，展開了透
過符號構成的生活世界的提昇」。哈伯瑪斯
把社會演化區分爲兩個層次：「系統和生活
世界。由於系統的綜合性和複雜化的增長和
生活世界的理性的增長，不僅總是作爲系統
和生活世界有所區別，而且兩者同時也相互
區別」。

　　事實上，哈伯瑪斯主張系統與生活世
界，兩者不僅僅是有區別的，而且還是對立
的。系統雖然同樣是理性分化的結果，但是，

系統的物質性、技術性以及非語言性，會在
分化了的社會生活中，形成一種對理性增進
的阻礙。這種理性的擴張會轉而威脅實質理
性的演化，在這個意義下，對生活世界的分
析，目的是為使維護作為富理性和批判的公
共論域能夠獲得充分的推進。在哈伯瑪斯那
裡，生活世界與公共論域之間是可以互換的
理念型，生活世界與溝通能力對應，公共論
域與溝通權利對應，雙方之間似乎在先驗的
必要性上可以劃上等號。

　　哈伯瑪斯這種康德式的先驗批判進路始
終首尾一貫，即批判的目的在於指出先於經
驗又構成經驗的「實踐的可能性條件」，而
非建制化的實踐。因此，生活世界的建制化
問題在於「能力」，不在於「制度」，即透
過言說論辯與認可的能力，賦予制度合法性
的要求。這也正是哈伯瑪斯長期與當代德國
社會學界系統論代表盧曼針鋒相對的原因。

　　於是哈伯瑪斯開展出社會理論的雙層概
念：社會同時是「生活世界」和「系統」。

生活世界與系統因其各自不同的再生產原
則，有著不同的「分化」過程，分別是「生
活世界的理性化」和「系統的複雜化」；生
活世界的符號再生產，代表著社會演化的理
性化，系統的物質生產則代表社會演化的複
雜化，各別發展其內在的邏輯。

　　就哈伯瑪斯而言，生活世界和系統的分
化不只是社會實行功能整合上的區分，更是
具體演化的成就，這種演化的可能性是由生
活世界的理性化所確立的。換言之，西方在
近代理性主義的耕耘、努力下，已體現了一
系列理性化辯證的成果，當哈伯瑪斯追溯
「現代性」的根源時，並指陳這是生活世界
理性化的結果。所謂生活世界的理性化，指
的是「認知世界觀之理性化」，而系統理性
化或分化的前提和起點即是生活世界的理性
化，今日西方的政治、經濟、法律的成果，
正是從生活世界中解放出來的；如果說系統
的指令轉過來工具化生活世界及威脅其存
在，並不表示理性化即等同於系統宰制，我

們不能否認生活世界理性化的自主結構。

　　語言的調節機制源於生活世界的基礎，
語言的規範意識透過言說行動來履行。普遍
語用學是有效性宣稱的顯題化，生活世界則
是溝通能力的非顯題化，合法性與合法化在
此分別開來。因此，行動的社會一體化境域
介於公共領域和私人領域之間，公共論域的
建制化即是溝通社群能力的自主化。對哈伯
瑪斯而言，晚期資本主義的危機既不是管理
形式的改變，也不是缺乏合理性，而是一個
制度缺乏必要的動因所造成的困難，只有社
會文化領域發生的危機才有其自身的根據，
而且，這些危機又是無法省略掉，或者用行
政方法加以改變的。正因為這樣，哈伯瑪斯
不像霍克海默、阿多諾、馬庫色等人停滯在
對工具理性的批判，因此不在於工具理性或
系統出了問題，問題應該是：究竟在什麼樣
的「動因」之下，這些系統領域或工具獲得
支持和認可的？

　　所以，韋伯所說的「鐵牢籠」（iron

cage）、「無精神的專家，無心靈的感官者」並不能歸罪為理性化的結果，工具理性的勝利只能說明那是二度分化的結果，我們只能說「其後系統卻藉助具現於生活世界的規範制約而愈趨自主，終致系統之指令開始工具化生活世界」，哈伯瑪斯稱之為「系統對生活世界的殖民」。生活世界的理性化，導引向系統性的物質生產方面的複雜化之同時，語言在生活世界再生產的二度分化的角色變得萎縮了；正因為如此，反過來卻以系統整合的操縱媒介──權力、金錢，取代語言的地位，也就取代原屬於生活世界的溝通整合功能，終於造成生活世界的殖民化。

　　系統和生活世界代表兩種不同功能：系統整合和社會整合，前者使行動功能的有效性產生功能，後者則是取得協調行動者的一致性的要素。功能或系統整合等於生活世界的物質再生產，被構思為系統維繫；社會整合則等於生活世界的符號再生產，依賴於文化的更新及社會化過程。問題是，在現代社

會中，生活世界結構分化的系統性變遷，漸漸地形成系統與生活世界的分離；生活世界反倒在系統機制的日趨膨脹，萎縮成次級系統，系統機制愈形脫離社會整合的協調機制，形成獨立的操控能力。在這其中，社會演化也就擴大了物質再生產的能力，反饋回來，又增加了系統的複雜化，造成系統與生活世界之衝突狀態。

　　現代社會的巨大成就不在於政治制度化或經濟工業化的成果，而在於它實現了文化生活的理性化，體現人的批判意識。因此，現代社會的標誌應該理解爲「理性的批判」，現代性得以推進，也主要是歸因於這種辨識能力的滋長。可惜，標示著那些能爲人提供生存意義和自由的互爲主體的溝通論域遭到威脅，公共論域被削弱的跡象不是缺乏了政黨政治的參與活動，而是社會批判意識的公開使用理性能力有弱化和扭曲的跡象。公共論域要是發生變異，首當其衝的，即是作爲溝通行動背景的生活世界發生了變

化，哈伯瑪斯說：

　　導致理性片面化或者導致日常生活的溝
通實踐物化的，不是用媒介所控制的次級系
統及其組織形式和生活世界的分離，而是經
濟的和行政的理性形式入侵到這樣一些行動
領域，這些行動領域反對把自己轉化為貨幣
和權力，因為這些行動領域是可以用文化傳
統、社會一體化和教育來分別說明的，並且
自始至終都依賴於作為調節行動的機制的理
解。

　　換言之，理性的片面化是在於誤將實踐
的問題視為技術的問題，或以功能整合取代
了社會整合。進步的意義很可能就是阻止進
步，哈伯瑪斯把「片面的理性化」和「理性
情結的優勢」歸結為無規則地使用文化上所
擁有的理性潛力，生活世界中的理性增進，
被化約成系統中的工具性的增進，這不但是
背離了現代性的原旨，甚至還威脅到現代性
的進程，現代性可能因此告終。

哈伯瑪斯提醒我們，「功能整合並不能
適當地處理經由內在觀察而擔任起對生活世
界的分析，只有當生活世界被對象化時，即
在一種客觀化的態度上，表現為邊緣維護系
統時，功能整合才被允許」。換言之，生活
世界的理性化過程固然分化為系統性操控媒
介，但各自依然保持自行的運作模式，系統
整合不能替代社會整合，因為它不同於社會
整合的行動內容。「系統對生活世界的殖
民」即是以功能整合替代了社會整合，哈伯
瑪斯苦心設計出來的「溝通行動理性」，正
是作為因應於今天系統愈形複雜化的社會處
境、企圖重新啓動生活世界的理性化，將現
代性的理想再往前推進。

系統與生活世界的雙重發展，生活世界
理應成為系統機制得以組織化的條件，但
是，金錢和權力的操控媒介成了系統整合的
媒介，使原是生活世界不可替代的整合媒介
——語言，以溝通尋找協調的共識，均被納入
報酬與懲罰的單向思考手段中。因而，伴隨

著市場力量和政府力量對生活世界的滲透，
私人經濟生活的自主性相對地被市場經濟消
費欲求所左右，公民政治生活的自主性，也
被轉化作對政府權力的消極盲從。如此一
來，一方面是「系統導致的物化」，另一方
面則是「文化的貧瘠」，這就是生活世界殖
民化的基本意涵和表現。系統的複雜化透過
更多地技術應用，甚至「非語言化」的操縱
機制，人們的生活不再依賴溝通活動的有效
性宣稱。日常生活中那些以符號互動的媒介
進行整合的部份，在系統日趨膨脹時，也就
相對的使生活世界的再生產少了以溝通行動
的符號互為中介，最後淪為系統的宰制。因
此，馬克思所謂社會勞動中「異化」的概
念，已被哈伯瑪斯擴大理解為「傳統生活世
界的錯位（dislocation）和後傳統生活世界
的破壞（destruction）」、及「生活世界的
物質再生產領域之枯竭化與生活世界符號再
生產領域的失調」。

　　事實上，哈伯瑪斯對生活世界和系統的

概念分析，旨在引導我們回到溝通行動理性的核心上去，生活世界的理性化和對系統的反撲潛力，均賴於我們是否成功地將溝通行動的語言媒介，重新導入文化再生產、社會整合和個人社會化的理解、協調和相互作用的考慮中。溝通行動的語言媒介促進生活世界的再生產，亦即強化理性化的力量。關於社會演化的雙重性：分化和整合，必定要重新協調符號再生產和物質再生產的不平衡現象，其可能性將是以溝通行動理性爲基礎。

三、理性的統一

理性與語言結構聯繫在一起，溝通活動即視爲理性的體現。因此，哈伯瑪斯斷言理性內在於溝通行動，溝通理性的交談活動恢復了生活世界的再生產動力，理性化意味著重新將溝通行動納入系統化了的世界中，恢

愎語言化的互爲主體性往返動力，重新擴展
成爲社會演化的基礎。所以，眞正生活世界
的理性化，就是體現溝通行動的演化和創新
動力因素，具體轉化成社會實踐的再生產過
程。當我們再重回到哈伯瑪斯關於「解放的
旨趣」時，就可以理解爲：一個解放的社
會，即是生活世界不再被系統之自我維持的
原則所宰制的社會；理性化的生活世界，將
指導系統機制的運作，以配合組織化之個體
的各種需要。

　　哈伯瑪斯認爲，有必要重視賴以展開形
成對話、民主的公共輿論和意志形構的那個
社會領域，在他看來，公共論域是透過溝通
經驗構成的生活世界，社會關係的改變，首
先取決於溝通關係的改變。這就不難理解，
何以「理想的言談情境」繫於生活世界的理
性化，「普遍語用學」只是一般的原則性要
求，激進的政治實踐仍然有賴於溝通能力的
經常練習，即關於個體化的和獨立自主的公
民，在獨立的公共論域爲自己學會思考、說

話和行動等方面，依賴對話、民主的輿論和
意志形構那個社會領域是「無扭曲的溝通」
的行動。建立以對話的方式解決普遍關心的
問題，政治輿論形成過程基礎的政治活動是
絕對必要的，公共論域的要點在於體現溝通
能力，在這樣一個論域中，個人的自由發展
是一切人的自由發展的條件，所謂「私人領
域的自主」與「公共領域的自主」端賴「溝
通能力」是否獲得增進。總之，生活世界的
權力言說，與溝通能力在公共生活中的發
揮，取得其關鍵性的要素。

　　作為建制化的生活世界，既與國家的行
政系統相反相成，亦與經濟的市場系統相反
相成，又以尚未建制化的生活世界要素，即
文化傳統、社會風尚和道德意識等等作為基
礎。只要生活世界的理性化達到了一定的程
度，包含自由向度（隱私權、財產權、言論
和結社自由權，以及法律平等）和民主向度
（平等地參與、對有爭議的公共政治規範的
公開討論）。公共論域的生活世界是「構成

動機的思想，就是從自身分崩離析的現代社會和解。和解，就是人們在不放棄現代社會在文化、社會和經濟領域中可能造成的差異的情況下，去尋找共同生活的方式，真正的自主性和依附性在這種放棄中進入一種和平的關係。和解，就是人們能在一種共同性中真誠地生活，這種共同性本身不存在向後倒退的實體性社群所具有的可質疑性」。

哈伯瑪斯帶著黑格爾式的熱情，看到理性的統一中有一種反對壓抑的力量，理性越多、民主就越多，和平的共同生活就越有可能，自我實現的自由也就越充份。這意味著，理性與公共生活的不可分割，現代性權力言說的合法性取決於生活世界的理性化和建制化，也取決於溝通能力的增進而非減少。

哈伯瑪斯沒有悲觀的看待現代社會的成型，也沒有全盤否定現代社會的成果，所以他不認為理性化與屈從化可以劃上等號，理性化是以生活世界中的個體作為一切批判的依據，互為主體是免於屈從化的唯一方式，

或者唯有在溝通的言說論辯中，才可能揭露
宰制的作用。所以問題不在於宰制是否存在
於或外在於理性之外，問題應該是究竟在怎
樣的意義下我們對於宰制的批判是可能的。
生活世界的理性化不屈從於宰制，生活世界
的理性化經由溝動的增加、持續進行和能力
的累積、提昇，才眞正能夠看淸權力的作用，
因此，公共性即是理性不可或缺的要素，理
性的公開使用即是溝通。

　　對於現代性的誕生，哈伯瑪斯不把任何
社會階級視爲進步的社會演化的歷史承擔
者，社會演化是建立在否認客觀社會或歷史
規律的基礎上，事實上，這也就是將以革命
手段消滅資本主義的歷史必然性束之高閣。
公共論域的開放性，在於防犯將現存的社會
制度作辯護的保守態度。應該從公共論域的
徹底化中推進社會的變革、進步和理性，避
免任何自滿自足的意識形態。溝通行動理論
肯定理性參與的重要性，言說活動實際上意
味著把一切取決於我們所從事的論辯以及其

結果，均作爲「眞理」加以認可，無論是在
理論或在實踐的問題上，把「眞」理解爲
「做」，每個人都參與眞理的發現。參與的
透明性和切近性的言說構成活動，繫於語言
中或以語言爲媒介的實踐關係中存在，爲一
「溝通社群的世界」，哈伯瑪斯認爲，這樣
一種社群的論域，是寓於一種叫做「生活世
界」的能力。

　　哈伯瑪斯寄望溝通成爲一種規定社群中
一切事物的途徑，任何制度化的構成，都必
須按著這個模式獲得認可爲條件，因此眞理
是實踐的，它透過保證無扭曲的溝通中貫徹
執行。系統的合法性問題固然是一個考驗生
活世界是否獲得維繫的因素，但系統如何透
過生活世界成爲合法，則是現代性是否倖免
於危機的眞正問題所在。哈伯瑪斯尋找現代
性的理性化根源時，生活世界是作爲取代中
世紀基督教世界觀的「現代意識結構」，現
代性所展開的各項成果，均是理性分化的結
果；尤有進者，生活世界還可以作爲他建構

批判理論的起點，批判的可能性機制來自於
生活世界的理性化。

　　哈伯瑪斯認為，現代西方社會是隨著資
本主義市場經濟的發展而形成一種獨立於政
治力量之外的私人自主領域，它本身又是分
作兩個領域，即私人領域和公共領域
──「私人構成的公共領域」。現代性言說
的成就，正在於它實現了文化的理性化，大
大的提高了公民理解和辨識的能力，公共論
域促進了現代社會制度和公共生活的規範價
值。

　　但是，面對理性分化為系統的問題，哈
伯瑪斯顯得格外小心。「普遍語用學」的構
想，就是尖銳的意識到許多機制有壓制和掩
蓋公眾溝通能力的作用，其中「去語言」的
建制化了的社會系統是不得不留意的。理性
的進步和演化，與「言說論辯」和「承認政
治」不能分開，具體的社會生活有賴於溝通
活動的生活世界──私人構成的公共論域
──來決定，而且，生活世界的理性化程度又

表現在法律和道德的發展階段，即表現在
「採用道德和法律手段，也就是說採用共識
的手段來調節行動衝突」的能力上。換言
之，現代社會系統的形成，特別在公共文化
領域中爲它找到合法性的基礎，普遍化的價
值體系顯然是在私域自主的公共論域中發展
起來的，「規範結構也在廣闊的空間裡得到
發展，因爲新的組織原則允許普遍的價值體
系發展起來」。

第九章
反對後現代主義

一、新保守主義的挑釁

　　哈伯瑪斯對理性、進步、民主的堅持，是一種懷疑式的人道主義精神，他「試圖從繼承康德的傳統中，從語言哲學上，拯救一種懷疑式、後形上學，和並非悲觀主義的理性概念」。哈伯瑪斯堅信，他與當代德國法蘭克福學派和法國新尼采主義的立場是很不相同的，他認為，建立在以對話的方式解決普遍關心的問題，與政治輿論形成過程基礎上的政治活動是絕對必要的，可是當代社會存在著一種與此進路相對抗的思潮。

　　溝通理性作為一種調節的觀念，並且從中導出社會演化的前景，「沒有暴力的共同生活，使個人的自我實現和自主權存在有了可能。這不是靠犧牲團結一致和正義，而是借助於團結一致和正義」。民主，應當被看

成是對現代合法性形成普遍形式條件的程序
安排，所以普遍語用學更恰當的說是規範語
用學，溝通理性即是程序理性，因此，民主
的公共論辯不是一般的空談，不是對人道的
社會活動的補充，而是這種活動的不可缺少
的前提。哈伯瑪斯警告法國思想界那種要不
得的保守主義傾向：「我們不應用時髦的方
法肢解十八世紀的理想，即法國革命的理
想，應力求在一種肯定是危險的啓蒙辯證之
意識中實現這個理想」。

　　挑起哈伯瑪斯與後現代主義之間戰火
的，是法國後結構主義者李歐塔。李歐塔的
《後現代情境》一書在極不起眼的地方、有
意無意的調侃了哈伯瑪斯的共識理論，認爲
任何合法性理論的正當性很難通得過維根斯
坦「語言遊戲」和庫恩「典範論」的挑戰，
李歐塔把這種黑格爾式的整體論視爲是一種
幻想，客氣的說是一種「巨型論述」或「後
設言說」，不客氣的講就是一種「欺騙」或
「知識的暴力」。李歐塔把理論的形構理解

為是對差異的壓制，在此，多元並沒有真正獲得重視，尤其是任何理論的建構，都免不了是以統一性取消差異性。後現代主義者認為：「知識意味著強權」。

哈伯瑪斯不能接受這種「知識論上的無政府主義」，認為它們是有害的。它們不但不能提供我們處理問題的方法，更可怕的是，它使我們放棄了批判的理由，落入相對主義，結果是助長了非理性的意識形態。這種情形一併被哈伯瑪斯冠以「年輕保守主義」的惡名，包括德希達、巴塔耶、傅柯等人在內，並指稱他們這群法國的後結構主義者，「在現代主義的態度上，企圖證成一種不協調的反現代主義者」。當然，哈伯瑪斯認為他們是不成功的。

為了應付來勢洶洶的反理性思潮，哈伯瑪斯再次的捲入這場哲學嘉年華的論戰，這是他數次學術論戰中對手人數最多的一次，而且都是當代舉足輕重的經典型哲學家，他於是親自赴約，到巴黎主持講座，全面向法

國思想界開戰。雖然說是由李歐塔挑起的論
戰，哈伯瑪斯在《現代性的哲學言說》卻隻
字不提李歐塔，或針對他的論點給予反擊，
更見雙方陣營之間的緊張氣氛。

　　哈伯瑪斯對後現代主義的全面反撲，主
要的對象是尼采。更重要的還是那些受到尼
采影響的「尼采繼承人」和尼采的隔代弟
子，其中最具代表性的有三位：阿多諾、德
希達、傅柯。哈伯瑪斯對阿多諾的批評是：
理性與神話的混淆；對德希達的批評是：文
學與哲學的混淆；對傅柯的批評是：歷史與
理論的混淆。哈伯瑪斯認爲他們對現代性的
批判都是不成功的，這主要是因爲他們都無
可避免的落入相對主義的自相矛盾，結果適
得其反的，摧毀他們的批判基礎，更糟的
是：雖然他們以批判主體哲學爲旨，可惜卻
都沒有走出並克服主體哲學的框架。

　　《現代性的哲學言說》是哈伯瑪斯公開
向「尼采繼承人」全面宣戰的一本專著，即
對「理性批判以及對現代性的全盤否定」的

全面反擊。這本書的目的在於「沿著現代性
言說的哲學路線追本求源，這樣才能重新地
細心考察在當初的主要歧路上所出現的共同
方向」。按照哈伯瑪斯的說法，尼采開闢了
二條「反啓蒙」的路線，一是形上學道路，
從海德格通向德希達，他們企圖回到前蘇格
拉底時期，追求另一種主體哲學和獨特的知
識，以此實現對形上學的清算；一是知識論
道路，從巴塔耶到傅柯，他們透過人類學、
精神分析和歷史分析的方法，揭示權力意志
如何與理性形成共謀的關係，以及反抗是如
何被收編的。哈伯瑪斯斷言這兩條路線均
「沒有出路」，他認爲，現代性的問題是主
體哲學的問題，反對現代性即反對主體哲學
的進路，儘管尼采與其後學們都以反對主體
哲學爲旨趣，可惜並未成功。

　　關於現代性的反思，哈伯瑪斯要我們回
到青年黑格爾學派；同樣是對主體哲學的拒
斥，除尼采的路線外，與尼采立場恰好相反
的是黑格爾。黑格爾是第一個面對現代主體

哲學並企圖給予超越的哲學家。哈伯瑪斯從
黑格爾那裡看到了另一條道路，一條可以不
放棄現代性哲學，又可超越主體哲學框架的
「出路」，即對於主體哲學的超越是在互爲
主體的溝通行動中，以批判主體中心的理性
爲出路。

哈伯瑪斯喋喋不休爲現代性辯護，理由
很簡單：「現代性在途中，不能因此而報
廢」。後現代主義在這股反現代、批判理性
的浪潮中，並沒有提出足以解決現代性危機
的方案，所以，他們在這個立場上都是「保
守主義者」。保守主義即是放棄了烏托邦、
放棄了改革的希望和努力，尼采等人的審美
主義現代性正好迎合了資本主義的意識形
態，以難以駕馭的軀體和心靈的潛力，作爲
對抗以經濟和行政理性的現代性手法，適得
其反的，審美主義的言說卻成了維護現狀的
工具，無法針對我們的問題提出解決的方
案。

後現代主義從尼采那裡學習到擺脫實用

性和道德性訴求的主體經驗，「審美現代
性」是作為基本上不同於啟蒙的理性，與社
會現代化的另一種選擇。哈伯瑪斯不認為感
性直觀與經驗的適切性可以取代當前的理論
性理解，後結構主義者想從感性直觀與經驗
適切性，來作為抗拒純然以經濟和行政的理
性化將是徒然的，我們必須回應現實具體化
的要求，實際的參與當下檢證觀念的批判；
公民權利的維護、民主政體的自決，並非靠
主體的（泛）審美直觀可以解決的。這一群
法國的「新尼采主義者」反抗任何類似的系
統和結構，而且向啟蒙傳統的「極權主義」
提出抨擊，更確切的說，是全面抨擊「西方
形上學傳統」。無疑的，對後現代主義而言，
現代性已經破產了。

　　事實上，哈伯瑪斯並不完全否定審美批
判的作用，現代性的審美批判確實在哲學的
批判方面發揮了作用，但是，它僅僅是現代
性言說的一部份。這種「理性的激進批判」
作為對主體中心性的批判，無疑的已被泛化

了，尼采誇大了審美作用，審美主義取得了
唯一的發言權，結果導致現代性分化的三大
知識體系，「科學、道德規範和美學」獨立
領域的界限被模糊掉了，現代社會生活的具
體成果也一併被否定了。

　　哈伯瑪斯完全不能同意後現代主義對現
代性所下的悲觀結論。現代性的發展的確存
在著偏差的事實，但不因此就足以證明把後
現代主義當作爲現代性全面崩潰的標誌。以
此宣佈啓蒙方案破產並不具說服力，「理性
的激進批判」以審美來拯救主體中心的缺失
是不可能的。哈伯瑪斯與法國後現代思想家
的對立在於：究竟理論或哲學的建構是否必
要，換言之，哲學的系統性和普遍性的存廢
問題，是視爲堅持現代性或反對現代性的關
鍵因素。

　　對哈伯瑪斯而言，作爲整體世界解釋的
哲學，居於事實性，也居於系統性，一種豁
免於批判質詢的理論基礎必須獲得認可，哲
學本身向來自信它是一種運作在與經驗所確

證或推翻的信念上，所以，現代性的概念並不能先驗地發展開來，必須回到哈伯瑪斯所說的歷史唯物論重建、理論即在歷史的進程中，現代性是「一個未完成的方案」。哈伯瑪斯警告後現代主義者「不要把洗澡水和嬰孩一起潑掉」，我們並非要揚棄普遍性哲學真理的主張，而是要揚棄它不容有錯的這一偏見；後現代主義由於對系統或普遍的認知有敵意，所以他們對現代性的批判和分析也是不夠清醒和徹底。換言之，我們應該沿著現代性的理想往前走，對現代化造成的扭曲應當給予批判，但並不因此演變成對現代性的全面否定，對哈伯瑪斯而言，後者即是一種「保守主義」的作法。

二、啟蒙何以成為神話

　　重讀批判理論前輩的經典論著《啓蒙的

辯證》，哈伯瑪斯儼然發現，尤其是後期阿
多諾發表的作品，與後結構主義論述之間的
密切關係日益明顯，實踐哲學遭到冷酷的對
待，使堅信社會批判的否定性那種可以包含
於具體的歷史動力之信念也相繼破產。

　　哈伯瑪斯嗅到《啓蒙的辯證》這本充滿
著悲觀氣味的書，所體現的是「布爾喬亞黑
暗作家」的保守思考方式，處處牽絆著不清
不楚的情緒和態度。霍克海默和阿多諾對啓
蒙所做的概念化評論並不明確，在分不清什
麼是情緒、什麼是態度的情況下，以「動
機」來決定他們對啓蒙所下的負面評價，使
得他們在思考立場上混淆了「他們所放棄的
什麼，他們的批判的基礎又是什麼」的問
題。沒有充份的面對這個啓蒙的眞正問題，
正暴露出他們對現代文化批判是無力的。

　　早期批判理論的思想原型大致都體現在
霍克海默和阿多諾這本書中，馬庫色對發達
工業社會、哈伯瑪斯對晚期資本主義的分
析，都受到過這本書的影響。放在現代精神

脈絡下來看，現代性的全部即是啓蒙的全部，其內在邏輯即是神話的和暴力的，於是，《啓蒙的辯證》宣佈「啓蒙必然走向神話」、「理性必淪爲宰制」的結論。霍克海默和阿多諾認爲，啓蒙原先是以與神話對立的姿態出現的，可是，適得其反的，啓蒙卻取代了神話，背負著神話的原型，以極權主義的野蠻方式指導人類走向災難的厄運，「神話進入了啓蒙，啓蒙精神也隨著神話前進，越來越深地與神話交織成難分難捨；啓蒙精神從神話中汲取了養份，以便摧毀神話，並作爲審判者的姿態進入神話領域」。

「啓蒙」廣泛的涉及到「進步」、「理性」等意義，它致力於將人從恐懼和不安的威脅中解放出來，並確立其最一般意義的進步思想。啓蒙的「主體」以征服者的姿態出現，爲擺脫神話、卻又陷落神話的雙重弔詭中，「啓蒙精神所摧毀的神話本身，已經成爲啓蒙精神自己的產物」。在霍克海默和阿多諾的筆下，像荷馬史詩《奧德賽》 （*Odys-*

sey）這樣的神話人物，正是主體的象徵性指
涉，主體的活動是清除世界魔力的力量，凡
是通不過主體認可的，均被視爲是可疑的，
啓蒙倡導一種理性的主體，作爲主體的人，
即獲得了全面的勝利。人具有像上帝一般的
能力，宗教世界觀退隱後，人取代了上帝，
登上了主宰和指揮者的位置。

　　所謂的「辯證」，即是說明事物的發生
不是直接的，而是在對立中發生的。「啓蒙
的辯證」是理性與神話相互轉換、嫁接的過
程，看似對立的剎那，理性又變質爲神話與
魔法，正是那種樂觀進步成了摧毀其存在的
內在因素，應驗了培根的名言：「知識就是
力量，人的主權潛藏在知識中」被批判成
「知識就是暴力，人的自我毀滅潛藏在知識
的暴力中」。啓蒙重複了神話的原理，它用
以反對神秘事物的想像原理即是神話的原
理，這個超越過神話力量而獲得奇蹟的過
程，被認定爲決定性的作用，恰好又是每一
次新階段神話的回歸。

　　換言之，在霍克海默和阿多諾看來，理
性與暴力是對抗的關係，也是共犯的關係；
從荷馬敍事史詩的時代，到法西斯統治的時
代，正形成一部「啓蒙辯證的內在歷史」，
是理性與權力接合後形成「支配的邏輯
史」。《啓蒙的辯證》正是揭露了一種非歷
史本質的「理性神話」的歷史，啓蒙的「自
我保存」走向反面，付出了「自我毀滅」的
代價。

　　哈伯瑪斯同意在現代文化中，理性確實
會同化成純然的統治權力，但是，如果對理
性的分析和評價僅僅停留在這個階段，似乎
又過於簡化，至少在韋伯的命題下，理性不
全然是負面的。哈伯瑪斯完全不能接受將理
性與支配的技術劃上等號的做法，關於理性
毀滅人的假定，其可能性是把理性只理解為
工具理性，霍克海默和阿多諾並沒有有效的
指出那些依賴於某種不同於工具理性的文化
成果，所以他們對現代性的批判不免流於片
面和武斷。《啓蒙的辯證》並沒有從資產階

級理想文化現代性的理性內容方面加以判
斷，韋伯的價值領域內在邏輯導出的「真
理、正義與品味」的分化問題並未獲得充份
討論，而且還混淆了「有效性宣稱」和「權
力宣稱」，因而也就喪失了批判的基礎。最
終，什麼是該保留的、什麼又是該放棄的，
《啓蒙的辯證》處處顯得語焉不詳。

　　哈伯瑪斯對霍克海默和阿多諾的批評包
括三點：他們的批判理論缺少規範基礎、其
對真理的概念以及其與科學的關係的看法，
以及他們低估了法治國家的民主憲政傳統。
哈伯瑪斯認爲法蘭克福學派的前輩至少還認
同某一種理性的概念，並且以歷史哲學方面
來發展理性的概念。這樣的歷史哲學所發展
出來的理性，絕不是黑格爾主義的形上學歷
史，相反的，歷史已不再被抽象地當作自律
的、趨向抽象主體和抽象客體的同一性的總
體過程，而是在作爲具體的自然現象的消亡
和重複中，某種有待解釋的東西被批判地保
留了下來。意識形態批判的方法，從批判理

論的立場上認為，一定是在社會中那些理性
的潛力，不是盧卡奇那種形式的無產階級。

　　哈伯瑪斯認為，他們並沒有棄絕偉大的
哲學傳統，只是把「理性的批判徹底化，到
達了自我指涉的層次，亦即貫徹到批判本
身，甚至開始挖自己的根基」；理性只不過
被理解成異於工具理性的理性概念，但是自
始至終，阿多諾在這方面說得很少。再者，
批判理論從未放棄黑格爾的真理概念，這樣
的真理觀顯示著辯證法的功能，哈伯瑪斯認
為對「工具理性的批判，應該以功能理性的
批判作為替代」，可惜他們過份依賴歷史哲
學作批判，其結果導致喪失了指涉社會條件
形式的經驗性和理論性分析。最後，批判理
論的前輩還缺乏了對布爾喬亞式民主做過認
真的考察，因為民主理論在布爾喬亞社會所
形成的政治制度、法律和憲政體制，均「在
其形式上顯示了一種道德實踐之思想和解釋
的概念結構，優於傳統」，而且，這樣的憲
政傳統還值得做為發展社會主義的珍貴遺

產。

　　霍克海默和阿多諾都侷限於對工具理性
的批判，並沒有進入韋伯關於「理性化」的
命題，這一點就使得他們與哈伯瑪斯的理論
有著很大的不同；換言之，一九三〇年代間
的批判理論大師並未認真考察過馬克思理論
的侷限。資本主義經濟與現代國家確實結合
了有效性問題和目的理性的有限界域，傾向
更勝於對自我保存有興趣的主體，以及把自
我維持（self-maintaining）系統也一起的
被加強；但是，不能因此就假定了理性的社
會退化是在形式上與世界觀和生活世界的理
性化強制分離的結果。換言之，理性在現代
文化中確實是以權力的同化替代了「是」和
「非」、有效和無效的有效性宣稱的能力，
但是，若因此而否定了真理、正義與品味按
自己邏輯獲致開展的價值領域，就是片面的
混淆了資本主義理性化實質意涵。總之，哈
伯瑪斯以韋伯的「理性化」概念取代了馬克
思「物化」概念。

　　對哈伯瑪斯而言，所謂「工具理性」，究盡其真正本質，只是主體用以行動，而非告訴主體如何行動的理性；若擴大理性的概念作思考，我們或許可以說，工具理性在現代社會脈絡中造成破壞，但不能說破壞乃蘊涵於工具理性的本質中。我們不能忽略，也不能否認，世界觀和生活世界是如何在理性化的歷程中各自確立自己價值領域的邏輯的，霍克海默與阿多諾「將啓蒙的過程當作一整體來引用，啓蒙就在神話上作出了同一性的惡果。因爲，當它轉變成與作爲它本身的有效基礎的理性對立起來，批判就成爲總體」，因此，對非總體性的墮落與腐化的理解也就變得不可能。

　　以「工具理性」的概念，來增加爲計算理性所篡位的理性的價值。這個概念同時被認爲喚起吹散完整性的目的理性，廢止了有效性宣稱與自我保存有用性的區分，而且，割裂了在有效性與權力之間的障礙，現代世界的理解相信，神話確實被克服，是由於取

消了那些基本概念的區別。作為工具，理性
同化本身成為力量，也因此放棄它的批判力
量，這即是意識形態批判應用到其本身的最
後揭露。確實如此，批判的可能性自我毀滅
的描述是似非而是的（paradoxical），因為
在描述的這個時刻，仍然必須利用那已公然
地死亡的批判。因此，事實上，《啓蒙的辯
證》還是承認批判本身的力量，只有「除了
把啓蒙徹底化，別無辦法醫治啓蒙所造成的
創傷」；現代性只是受害於一種去異強同、
不具辯證性的批判，而這裡的批判，則是以
「否定的辯證」來質疑「肯定的辯證」，阿
多諾的《否定的辯證》正表明了這個立場。

　　如果霍克海默和阿多諾不想否認最後揭
櫫的影響，而仍想繼續批判，「假如思想不
能再以眞理之元素，以及一般的有效性宣稱
之元素中運轉的話，反駁與批判將失去他們
的意義」，因此，不能把他們歸類到尼采信
徒的陣容中，因爲尼采的批判毀滅了批判動
力本身，「阿多諾不只跳開了後現代一開始

就依據現代的『反論述』（counter-
discourse），而且還堅持主張『斷然的否
定』（determinate negation）」。阿多諾
並未進入溝通理性的概念，因為他忽略日常
生活世界語言中所扮演的溝通和規範性功
能，所以也就不能看出在社會關係的互動
中，主體是如何與世界、他者形成語言理解
結構中的普遍性，這都應該歸罪於停留在歷
史哲學的批判尺度。這就是哈伯瑪斯批判理
論不同於前輩的地方，以語言溝通結構的批
判典範，取代歷史哲學的批判進路。這方面
的差別，是經過「語言學轉向」的成果，主
張必須放棄以往的意識哲學典範，代之以語
言為哲學典範，以便能在更廣泛的溝通理性
中，來重新定位理性的認知工具面向。總之，
意識哲學的批判仍然拘泥於主體能力的批
判，僅僅是假定了主體的另一種空洞概念，
如果物化是無法避免的，意識又如何不被物
化；批判若以語言的進路來取代，不單避免
了主體中心的尷尬，而且，語言只有扭曲的

問題而沒有物化問題，找回了批判知識論與
意識形態的信心。

　　哈伯瑪斯的確指出了霍克海默和阿多諾
在意識形態批判上的死胡同，早期的前輩理
論家走不出悲觀的泥淖，是因爲混淆或沒有
區分有效性宣稱和權力宣稱的不同，因此，
當意識形態批判本身帶來對懷疑理論的眞理
進行爭論時，卻引進了對神話的預設作爲對
啓蒙的理解。啓蒙應當被理解爲世界觀的非
中心化，是從傳統形上學、宗教的世界分離
出來的理性世界觀。「外在世界分化成實體
的客觀世界和規範的社會世界（或人際關係
的規範性調整）；它們皆與每一個人所擁有
主體經驗的內在世界相對比。」換言之，世
界的解除魔咒和非神話化，人類的世界觀和
生活態度首先獲得了改變，因此，「理性化
沒有停留在基本理論和形上學的概念中，有
效性的理性範圍也不只是經驗混合的純粹淨
化，而且，得到與眞理、規範的正義和主體
的眞實或確切有關的觀念內在性的區分」。

　　只有當意義與真實的脈絡、內在與外在
的關係是純粹的，科學、道德和藝術皆被一
有效性宣稱特殊化且追隨自己的邏輯清理理
性化歷程中的渣滓，然後，有效性宣稱的懷
疑產生才具有自主性。其實不然。意識形態
批判在程序上難免落入幻想中，片面地否定
理性化發展出來的有效性宣稱，而非權力關
係的邏輯。假如霍克海默和阿多諾想從所謂
的批判中獲得社會運動的兌換，以對中產階
級欺騙外衣的揭露，我們只能說他們誤用了
意識形態批判。他們發展出來的理論，不免
滑落至一種無理由的批判，也遠離了理論與
實踐訴諸的基礎，最後，批判喪失了本身作
為自我指涉（self-referential）的位置。

　　霍克海默和阿多諾根據理性使自己屈服
於無抑制的懷疑論，而不考慮去懷疑懷疑本
身的基礎。對存有和幻想的區分，總體性的
批判是在溝通社會性的媒介中形成和證實
的，關於意識形態批判，哈伯瑪斯做出如此
的結論：「批判不斷地與理論纏繞，啓蒙不

斷地與基礎纏繞，雖然論述分享總是被假
定，只有那較好的爭論，非力量的力量變成
在爭論論述的不可避免的溝通預設之下才得
以運行」。理性避免形成權力，理性在溝通
中以有效性聲明為基礎。

三、泛文本的審美主義

　　按哈伯瑪斯的讀法，德希達的「解構」
和阿多諾的「否定辯證」一樣，對總體理性
的自我批判，最終陷入一種自我矛盾中。接
下來是分析哈伯瑪斯對德希達的批判。

　　哈伯瑪斯仍然堅持哲學的作用，反對德
希達混淆了哲學與文學的界限。德希達把哲
學當做是語言修辭的一種，所以哲學與文學
的分界線已被削平了，哲學也變成了文學，
從此哲學不再關乎對真理的認識，只是一種
相似於文學的虛構。無論是作為存在的新時

代所指，或作為所指的迷亂，亦或言說之間的較量抗衡，字面意義和隱喻意義之間的界線，邏輯與修辭的界線，以及嚴肅言語與虛構言語之間的界線，這一切在這一場「泛文本主義」的潮汐中被沖洗掉了。德希達放棄了科學的自我理解，他沿著海德格的林中路走去，從其自身作為真理出現的語言模式出發，隨即既貶低所有內在世界中出現的一切，又使文本成為唯一可能的事件。哈伯瑪斯認為，德希達是透過一種語言的方式剝奪了哲學主體性，並使之在其缺席中而產生的空間成倍地滋長。

「泛文本主義」把所有文類的區別，都淹沒在一種綜合，並且是無所不包的文本語境中。這一種「泛文本主義」依賴於流動的語言，包括作品、作者及發生語境的不確定性，只有在其漂流的方式中，才繼續存在；因而，所有內在世界的運動，最初都從這一流動中產生出來。這種論點主要植根於審美的經驗，或者它是基於某種文學理論為根

據。按文本主義的看法，根本就不需要某種
參照系統，現實與虛構的區別也變得沒有必
要，或是無意義的東西。很顯然的，德希達
的審美主義在於將所有的文類的區分都一併
淹沒在一種無所不包的文本語境中，所以，
他反對自亞里斯多德以降那種將邏輯置於修
辭之上的做法。

　　哈伯瑪斯承認，在哲學和人文學科中，
命題的預設內容離不開它表達的修辭形式，
而且，即便是在物理學中，理論也並沒有可
以完全擺脫隱喻修辭的手段。想要使觀察事
物的新模式、新方法以及新的或然性變得更
有道理，隱喻這一修辭手段尤其必要。換言
之，沒有語言上的突破，任何經由實踐證明
可取的知識形式和科學習慣上的創造性突破
都是不可能的。但是，這不等於說可以模糊
哲學、科學和文學的不同。哈伯瑪斯堅信，
無論我們是否贊同，語言的雙向理解模式始
終都存在著，透過它，我們可以揭示相互認
同的主體際性的結構，並克服主體哲學。

　　德希達否定任何確定、總體性和一切具
有因果關係的模式,他對任何體系都提出質
疑,批判任何「第一原理」的起源說,他強
調,寓言的優先性超過了象徵,轉喻的優先
性超過了隱喻。德希達是透過主體的激進化
過程來完成對主體哲學的批判,即把所有的
主體性東西抹去,以成為一個非個人的嚮
往,德希達誇大審美經驗的欲望,結果是走
向冥想的經驗,是故,哈伯瑪斯嘲諷德希達
為「新異教徒的神秘主義」。

　　文學文本之內出現的有效性宣稱,只對
在其中出現的人物才有約束力,並非針對作
者和讀者。文學批評從它那裡引發一種指向
文本中提出來的有效性批評,像審美批評一
樣,它的批評並不指向文本以及揭示世界的
操作,文本的世界有效性的問題並不透過溝
通關係延伸到讀者那裡。與文本主義不同的
是,哈伯瑪斯認為,透過日常生活的互動,
對陳述的真所提出的宣稱、標準的正確、表
達的真實、對於某些價值的認同,所有這一

切都涉及到說者與聽者。日常實踐透過某種
理論的方式進行有效性的轉移，所以，並沒
有把讀者從承擔文本提出的有效性位置抽離
出來。哲學提出理性的語言中介時，知識必
須突破推理的牢籠，但是，卻終止於純粹的
直覺。

　　哈伯瑪斯認為，在日常溝通實踐中，言
說行動保留了一種它們在文學文本中失去了
的力量；文學並不邀請讀者去採取在日常溝
動中他必須採取的立場，所以，有效性在文
本主義的邊界中被取消了。文本批判缺少了
從行動負擔那裡開展出社會實踐的種種範
疇。由於解構將哲學文本變成了文學文本、
科學邏輯變成語言修辭，結果是割裂開了文
化與日常生活的聯繫、理論與實踐的聯繫，
那麼，解構本身的批判性也就失去其賴以建
立起批判的對象和根基。修辭形式僅僅在詩
性表現的自我指涉中、在封閉性的虛構語言
世界中才會產生；日常生活中的普遍語用儘
管也不可避免地具有修辭形式，但是由於它

處於不同的語言功能和脈絡中，其修辭性的
部份不會變得被特別強調。正是這一點，以
文本批判作爲對特定文化分析和考察的限制
就變得很顯。哈伯瑪斯提醒說：「從詩和
語言的封閉世界中取得優先性和構成權力的
這個意義上來說，語言逃避了結構性的限
制，無例外的，也流失了日常語言的溝通性
功能」。

　　哈伯瑪斯認爲，德希達對於哲學和文學
區別的否定必須建立在三個前題上。第一，
文學批評從根本上來說不能算作是科學事
業，它僅僅像文學對象一樣，服從於修辭的
規範；第二，哲學文本遠不能作爲哲學與文
學之間的區別性文類而存在，就其本質內涵
來說，它可以用文學批判來加以描述；第
三，修辭對邏輯的優先性意味著在一切文類
區分最終被取消之後，對文本擁有語境的文
本性質，修辭仍然要具備有完全的可靠性。
當哲學與科學不再建立在它自身的適當的普
遍性時，文學和藝術也就不建立在可以與普

遍性文本相對存在，而具有獨立性的虛構領
域。只要我們重新理解哲學和科學的真正內
涵，德希達所設想的問題並不難克服，所以，
並不需要以文學批評代替哲學和科學的理性
批判。

　　文學批判與哲學文本固然存在著某種相
似性，但是由於它們服務於不同的科學形
式，也就決定著語言形式使用的不同。哲學
對於解決問題的責任明顯的不同於文學批
評，其嚴肅性和再生能力是文學批評的功能
所不能發揮的。相反的，要是化約的強調修
辭和哲學的文學化，文學批評將失去它審美
的內容，和其承擔對形上學進行批判的責
任，這是得不償失的。

　　從另一種角度來說，德希達只不過是用
修辭的文本，或文學批評的方式取代哲學文
本或理性批判的方式，所以他並不否定哲學
文本的存在，他所反對的只是那種訴諸於普
遍性的形上學幻想而已。事實上，哈伯瑪斯
的著作已清楚的表明，系統的企圖可以與經

驗的可塑性結合，而理論是可以發展的，這
一發展並非一定是形上學的，也並非必然與
極權主義劃上等號，更不是蔑視當代社會的
複雜性。

　　德希達對語言藝術作品的獨立性，和審
美性幻覺的獨立意義的爭辯，並不比他對批
判具有獲得科學地位的可能性所做的爭辯還
多。同時，文學批評被他視作為特定程序中
的類型，承擔著克服現存形上學和邏各斯中
心的歷史使命。

　　在與後現代主義者的交鋒中，哈伯瑪斯
對審美言說在現代性言說中產生的裂變表示
憂心，這主要涉及到對理性主義的堅持與反
對的問題，審美現代性為此付出代價，它不
僅不能克服現代性，而且還引發後現代的非
理性弊端。他對於尼采及其後學們的解讀固
然有不少的扭曲和誤解之處，但是他對理性
的批判和捍衛的立場始終是一貫的，對他們
所做的批判也並非無的放矢。

四、權力的批判與
　　批判的權力

　　對傅柯的態度，哈伯瑪斯同樣要求在
「尼采／後尼采」和「尼采／反尼采」之中
選一個。哈伯瑪斯從人文科學的方法論問題
和權力的概念方面與傅柯交手，關於方法問
題，他批評傅柯的系譜學是一種化約主義：
它成為現在性的、相對主義和暗含規範的，
其結果是退回到某種主體哲學的立場中。關
於權力的概念，在傅柯那裡，意義、有效性
和價值一併的在權力理論中被犧牲掉了。

　　哈伯瑪斯指責傅柯是一個一點同情心都
沒有的歷史主義者。早期是斯多葛式的，晚
期則是冷酷無情。哈伯瑪斯對傅柯的質疑有
三點：一堆無意義的結構、如何逃離相對主
義的自相矛盾、文化批判的規範性標準在那
裡。

受到尼采的影響,傅柯的系譜學:

不僅諸種有效性宣稱是受它們從中產生的言說之限制的,而且它們的意義也在於從功能上支持既定的總體言說的自我維繫。換言之,有效性宣稱的意義即在於其權力後果。另一方面,權力理論的基本假定是自我指涉的,若是它成立,則會摧毀它研究的基礎,批判也變成是無效的。

這是相對主義的後果。

相對主義在自我指涉上是自我否定的。哈伯瑪斯認為,傅柯的人文科學方法是「操作性的矛盾」,必然會導致「自我指涉的似是而非」的結果。相對主義是:一方面宣稱社會一致的認可和共識的不可能,但卻又要求別人同意你的批判論斷是正確的;一方面宣稱懷疑一切有效性的要求,又將自己的論斷視為有效;另一方面,在反對任何理論體系時,自己卻建構體系,逃避挑戰和質疑,即理性不能既是批判的同時又能使自己的標

準免受批判。

知識要產生力量不是那麼簡單的，知識
必須滿足其真理的宣稱，只有這樣權力才可
能運作，傅柯太強調知識的負面缺陷，沒有
正視其帶來的效用。哈伯瑪斯認為傅柯從尼
采那裡得到關於權力的理論是「非社會學」
的，批判理性時所採取的是「反科學」的姿
態。像海德格的「存有」、德希達的「延
異」一樣，傅柯假定了「權力」是唯一普
遍的東西，在變化過程中，它總是以新的面貌
出現，從而使之具有某種難以察覺的強制
性。

因此，一個「事件」，不是一個決定、
一個條約、一個統治或是一場爭鬥，而是力
量關係的顛倒、是權力地位的篡奪、是用某
種詞彙令來反對曾使用這個詞彙的人、是某
種一旦鬆懈就會滅亡的虛弱的控制、是戴著
面具的另一種權力的進入。

哈伯瑪斯認為，傅柯把批判理性的工作

交付於人文科學「史」的研究（《事物的秩
序》）。他所採取的方法即是考古學和系譜
學的綜合使用，前者依靠的是博學的機智，
後者則堅持適當的實證主義，兩者綜合起來
的思想典型即是「歷史主義的」，要理解哈
伯瑪斯對傅柯的反對論點，可以說完全是經
由「歷史主義」這個罪名演繹出來的。可見
「歷史」的概念的確是兩者爭論的焦點。按
傅柯的意思，知識的考古學是說明在任何言
說中構成真理的排斥機制，實踐的系譜學是
透過追溯與言說的建制性根源直接對應的歷
史地變化的條件來研究言說是如何形成及其
何以又會消失。換言之，知識考古學重建構
成言說規則的層面，實踐系譜學則致力於說
明某些符號體系的持繼與變化，透過方法的
綜合，言說所建立的權力概念既是某種創造
性權力，又是某種經驗的專斷性權力。

　　相較於康德把先驗歸諸於主體、結構主
義把它理解為某種非中心化的操作，傅柯則
將權力與「純結構性活動」等同起來，哈伯

瑪斯指責傅柯無以倖免，必然會落入康德先
驗主義的超主體性結構之中：

　　傅柯的「先驗──歷史」的權力概念不
僅具有超驗的綜合，然卻又併入歷史事件領
域的這一矛盾中。

　　一方面，傅柯不得不使他的權力概念具
有真理的可能性條件這樣的先驗意義，正如
像「求真意志」那樣，具有諷刺意味地隱身
於言說中的同時，又使人感到它的存在；另
一方面，他不透過將先天的權力時間化批判
康德的觀念論，而且，還否定先驗權力那種
具有海德格曾審慎地賦予存有的歷史的意
涵，以便使言說結構能像歷史事件一樣產生
出來，並取代舊有的。……先驗的權力實踐
是某種與普遍性相對立的個殊性，是與觀念
對立的肉身、感性的卑微事物，是不受任何
規律和秩序所支配的偶然事件。

　　按照哈伯瑪斯的論點，歷史與理論是對
立的。「理論」是指演化的社會理論，「歷

史」是一般的歷史；作為演化的社會理論可
以供作批判和實踐的基礎，只有社會理論或
一般歷史才能提供對過去和現在進行批判的
基礎，但又只有理論可以提出批判的實踐行
動目標。哈伯瑪斯的演化社會理論，植根於
人類學的先驗結構中，這個結構是由語言的
互動中提供給我們的，理論對歷史的實踐和
批判的優越性，來自於理論與歷史的尖銳對
立，只有重構語言能力才存在著一種穩定的
規則，這是歷史批判無法帶給我們的。

　　就方法上，傅柯從尼采「批判的歷史編
纂學」（critical historiography）中獲得
了歷史批判的可能，可是，哈伯瑪斯則認為
只有理論才可以成為批判的依據。所以在他
看來，傅柯在這個立場上是「反理性」。事
實上，哈伯瑪斯與傅柯的分歧不在於一個忠
於理性一個反對理性，而是「重建理性的理
論是否有此必要」，前者認為非得透過理論
不可，後者則覺得並不必然。傅柯總是問：
要怎樣能夠解釋對社會力量進行批判的條件

而又不必爲先驗的原則和普遍的恆常性去製
造論據？批判不依賴理性基礎可能嗎？

　　哈伯瑪斯認爲，傅柯的權力概念完全是
從「主體哲學」那裡獲得的，批評他仍陷於
主體哲學的框架中，「根據這種哲學，主體
與可想像、可操縱的客體世界有且僅有兩種
基本關係：由眞理判斷支配的認識關係和由
成功行動支配的實踐關係。權力是主體在成
功行爲中據以作用於客體的東西。在這種關
係中，成功行動取決於進入行動計畫中的眞
理判斷，在成功行動中，權力依靠眞理。但
是，傅柯話鋒一轉，把權力的眞理依附性變
成了眞理的權力依附性」。哈伯瑪斯認爲，
把權力設想成無主體的是不可能的，換言
之，傅柯僅僅是將概念反過來使用，他對於
從主體哲學中得來的權力概念，透過權力概
念使用的不可能，取消其歸諸的主體哲學之
種種。總之，對哈伯瑪斯而言，傅柯對現代
性的批判，最終仍然是沒有成功走出主體哲
學的窠臼。

第十章
從言說倫理到制度法

一、言說倫理的建制化

　　在《溝通行動理論》中，哈伯瑪斯對於法律是不是應該歸入系統的態度顯得舉棋不定和曖昧不清。此外，哈伯瑪斯對於國家的角色，也總抱持懷疑的態度，國家在民主體制中的功能僅僅是消極的作為立法系統而存在，不只是因為它在合法性上的缺乏，國家常常僅能扮演一個安撫的行政機器，對哈伯瑪斯來說，無疑的，國家與官僚主義沒有太大的區別。或者，正因為哈伯瑪斯視國家為社會分化後，與生活世界相對立的行政系統（另一個是經濟系統），它所行使的媒介是「權力」（經濟系統行使的媒介是「貨幣」），與他一貫強調視「語言」互動為媒介的溝通行動是相背離的，所以才對於任何制度化的事物都不表同情和支持。其實，對

於社會制度化的分析，盧曼的確要比哈伯瑪
斯獨具慧眼，然而，限於與同輩理論家的競
爭，哈伯瑪斯始終將盧曼的研究成果譏稱為
「社會工程學」，但是熟悉哈伯瑪斯思想的
人一定發現，他對制度的分析有很大程度是
受到盧曼的影響，甚至還可以追溯到結構功
能學派之父帕森斯。

　　系統複雜化必須繫之於生活世界，必須
以提高生活世界理性化的程度為前提，哈伯
瑪斯沿用早期關於社會演化之規範結構的理
解，架構出道德與法的演進乃是衡量生活世
界發展的指標。這個演化進程可以借助於三
個社會認知概念：「期望、規範和原則」；
它們分別對應於柯爾堡道德意識發展的三個
階段：「前習慣的、習慣的和後習慣的」；
法的類型則分別是：「神啟法、傳統法和形
式（現代）法」。

　　現代形式法是資本主義國家組織和市場
的行為規範。他認為，生活世界理性化獲得
普遍化的潛能，終於在資本主義經濟和現代

國家的一般溝通和功能化中釋放出來，但是
道德與法體系的發展在走向普遍化之同時，
卻導致生活世界的技術化。這使得哈伯瑪斯
不得不懷疑法與制度的合法性。其中，從溝
通行動的語言機制看來，無論是一般制度或
是法，都陷於非語言的媒介之中，形成一種
操作的權力，使得生活世界受到危害。作為
對生活世界的維護，哈伯瑪斯對制度和法，
都獲得了批判性的結論。

　　哈伯瑪斯對於制度化的問題，始終嚴守
著哲學家，而不是革命家的份際，溝通理性
是為制度化提供合法性的動力和合法性的基
礎，而不是化身為制度。事實上，哈伯瑪斯
對制度法的重視經過一項轉折，即從「普遍
語用學」到「言說倫理學」，確立關於普遍
性原則的問題，再從倫理的普遍化問題引伸
到制度法的建立。

　　哈伯瑪斯認為，一個真正的公共生活，
強調參與、基於平等之普遍機會，而參加意
志形成的言說過程。主張公共言說的世俗性

格並不等於落入相對主義或懷疑主義，相反
的，確立了主體與主體間的合法對待，哈伯
瑪斯還論證透過言說原則建立其普遍性的要
求，只有符合「普遍性才可以作有效性的宣
稱」。「可普遍化原則」是指任何倫理或價
值的陳述，都同時意味著對所有同類的事物
也應當做同樣的評價。含括了互為主體性原
則，普遍性之言說即是討論規範性陳述之言
說，規範性陳述則為包含了價值判斷或義務
判斷之陳述。換言之，可普遍化原則是一個
倫理學的問題。

　　「言說倫理學」的基本問題是：「道德
律令和規範在何種意義，和以何種方式得以
建立」，可普遍化原則就是：「每個有效的
規範都必須滿足以下條件：即那些自身從普
遍遵循這種規範，對滿足每個人的意向預先
可以產生的結果與附帶條件效果，都能夠為
一切有關的人非強制地接受」，換言之，
「只要一切有關的人能以參加一種實踐的言
說，每個有效的規範就將會得到認可」。可

普遍化原則，是以參與言說論辯者在理想言說情境下所具有的平等地位為基礎，其根據互為主體性之間的言說實踐建立倫理問題，因此，只有在日常生活中的相互性和承認性才真正構成倫理的關係。

倫理命題可否被普遍化，就等於在追問其客觀性。無法普遍化的倫理命題就只能是主觀性，也就無法討論其正確性，最後必落入懷疑主義和相對主義的窠臼中。哈伯瑪斯認為，我們必須在描述命題和規範命題、在價值真理和事實真理、實然和應然之間做區分，描述命題是在精確詞義上來規定真（*wahr*）或假（*falsch*）的問題，這在規範陳述上並不可行，規範的正確性是以「有效性」宣稱而非以「真理性」為基礎的。哈伯瑪斯對規範命題的確立是與他的真理理論結合起來的。在用語的層次上，言說行動的真理性即非主觀主義、亦非客觀主義意義的真理性，哈伯瑪斯把真理的問題繫於語言上，因而它涉及到共識、言說、行動、語用及互

為主體的問題，將它們置於公共領域上，即
是在一種非強制力的理想言說情境，一個規
範之所以被認為是正確的，是因為所有言說
者之參與、並都願意接受這個規範。換言之，
決定命題真理性質的條件在於所有其他人潛
在的同意，並獲得規範的普遍化和有效性宣
稱。

　　以這種或那種方式承認和遵守規範要
求，其普遍性原則以言說原則基礎得到確
立。哈伯瑪斯引述法學家阿列斯（Robert
Alexy）的「法學論證理論」（*Theorie
der juristischen Argumentation*）來支持他
的說法。承續著啓蒙的遺產，理性地主張人
人生而自由、平等，且每個人都具有理性思
考的能力，因此形成三個基本訴求，即平等
的權利、普遍性與非強制性，以及相應的三
項規則：

甲：任何有能力言說和行動者，皆可參與言
　　說論辯。

乙：㈠任何人皆可以質疑任何主張。

　　㈡任何人皆可以提出任何主張參與於言
　　　說之中。

　　㈢任何人皆可以表達他的立場期望和需
　　　求。

丙：任何言說者皆不得透過在言說之內，或
　　言說之外的支配性、強制力妨礙行使
　　「甲」和「乙」所賦予的權利。

　　哈伯瑪斯在解釋上述三項規則時，尤其
強調的是「甲」原則中所說的「參與者」，
指的是一切有能力參與言說的主體，皆無一
例外；「乙」原則中，重要的意義即在於使
一切參與者在言說論辯中，都無一例外地獲
得「機會均等」的權利；在「丙」原則中，
重要的意義是突出進行溝通的絕對必要性，
以便有可能使參與各方「機會均等」地投入
討論和從事普遍的言說，排除各種內外的壓
制，也就是說，「丙」原則特別用來保證被
認定的各方權力言說真正的公正性。

　　這些規則看來是不可能完全實現的，但
問題不在這裡。這些規則主要是說明理性基
礎的言說是如何獲得普遍性的，之所以是普
遍性，在於它符合理性，之所以理性，因為
其具有普遍性。這也就意味著，當一個言說
使用強制力妨礙他人時，也就違反以上的規
則，即表示是非理性、非公共性的言說；而
且，在理性的言說中，人們可以接受或反對
某種主張，理性在此意味著公共性原則，可
以否定、批判，因為贊成或反對都必須是透
過「認可的理性」，言說在此表示「講
理」。理想的言談情境並不等於空想，恰恰
相反的是，理性透過理想狀態或情境的設
想，可以提供我們對於種種非理性、非公共
性的言說和建制做出斷然的判斷，並予以否
決、改革或修正之可能。當然，更重要的是
哈伯瑪斯把理性、正確性和公正性一併等同
起來，因此，任何的言說若不訴諸於「理
性」的表達，我們便很難判斷其「正確
性」，又因為機會均等的言說才符合理性的

原則，也就是支持「公正性」。

哈伯瑪斯的「言說倫理學」是一種康德式主知主義的倫理學。在康德絕對命令的構想中，其所謂的普遍性即是：「僅僅依據著這樣的格律而行動，即使得你能夠同時願意成爲一項普遍的規則」。哈伯瑪斯認爲康德提出絕對命令、規範的普遍化能力，但卻將之建立在自由意志的先驗主體上，康德意義的先驗主體應該被言說所取代，應將「理性的事實」（*Faktum der Vernunft*）理解爲「實踐問題的眞理性能力」——即一致同意的原則。哈伯瑪斯言說倫理學的構思，旨在克服康德倫理學的獨白式論證，脫困於意識哲學思辨所造成的個體與社會、義務與意向、道德與倫理等的二元對立，但又得保著康德倫理學義務論、認知主義、形式主義及普遍性原則的特點。

同樣，從康德倫理學出發，羅爾斯陷於基礎主義，哈伯瑪斯卻避開了這個困境。既然是理性，是否非得假定某種理性的基礎？

哈伯瑪斯認為不然，關鍵就在於我們理解的
「基礎」是什麼意思，是否成功的避開基礎
主義（仍舊是「誰的理性？那一種合理
性？」的質疑），就看是否能夠成功的把
「認知對象的構成」和「知識的有效性」問
題區別開來。

　　普遍化作為一種理性的要求，不是尋求
某種類似於基礎主義的確證，同樣的，言說
倫理也不能訴諸於「第一原則」、「終極論
證」，或形形色色的「根基」。哈伯瑪斯
說：「即使是我們取消先驗語用學的論證
（按：指阿佩爾所進行的）之最後根據特
性，也不會產生絲毫的損傷。言說倫理被嵌
入那個重建的科學的領域（按：指普遍語用
學），而這門重建的科學涉及認識、言說和
行動的理性基礎，如果我們壓根兒也不再熱
衷於傳統的先驗哲學，那麼我們就會給言說
倫理學贏得一種新的驗證的可能性。即與其
他的倫理學的競爭中，言說倫理學能夠用來
描述經驗上存在的道德──法學的觀念，並

且以此方式獲得一個間接的論證」。理性在
此表現爲言說實踐，它不是某種先驗的基
礎，而是規範有效性宣稱的言說程序持有的
論證力量，而論證之具有這一力量，歸因於
它是以語言溝通爲根本的。因此，康德的實
踐理性可以被定義爲：「依照這種規範體系
而作出實踐判斷之能力」。

關於與實踐言說 (*Praktische Diskur-
se*) 有關的「程序理性」，哈伯瑪斯如此說
道：「言說倫理的原則涉及到程序化的問
題，也就是涉及言說地解決規範性的有效性
宣稱；就此而言，言說倫理有理由被顯示爲
形式的。言說倫理並不說明內容上的取向，
而是說明一種運作的方法、程序，規定實踐
上的言說。實踐言說無疑不是用來產生合理
的規範的操作程序，而是用來檢驗它所主張
的和假說，並提出考慮規範是否有效的操作
程序。實踐言說必須能夠自己給自己規定內
容」。我們再一次的看見，把普遍語用學作
擴張性理解，勢必使得言說倫理事實上是一

種非相對論的實用主義倫理學。

二、規範性權力論

　　現代社會的權力言說，是一種「規範性
權力」（*normativer Macht*），即落實在法
的言說上。哈伯瑪斯把韋伯的合法性問題，
結合到盧曼的法體系，使得規範就像是法治
程序一般，獲得有效性宣稱，由合法性推導
出法性：

　　一種程序只有間接地、透過與權威的聯
繫才能提供合法性。而這些權威本身必須得
到承認。因此，資產階級的成文憲法，就包
括一系列不容修改的基本權利。只要，而且
只有，把這份權利清單與一種關於系統的意
識形態聯繫起來理解時，它才具有一種合法
性的力量。此外，制定和實施法律的機構，

絕不是因其程序模式的法性而被合法化的，它同樣是一種支持著整個權威系統的一般解釋，賦予合法性……。這種非強制性的規範效力是基於這樣一個假定：必要時，規範能夠得到論證而不為批評所影響。但是，這個假定本身並不是自動產生的，它是一種承認共識並具有證明功能解釋的產物，換言之，是一種能夠使權威合法化之世界觀的產物。

從事實到規範，從規範到效力，建制化的實踐言說展現為民主原則，並授予依此程序所立之規範一種合法性之效力。哈伯瑪斯一直朝以法的規範性原則，展開理性在公共論域中的重建工作，因為溝通理性並不直接給予內容，其中也就不告訴我們任何的實際事件，溝通只以語用為媒介，語言本身即含有基本規則，這即是普遍語用學的部份。應該明確地規定「有效性」與「事實性」之間的辯證性。言說的規範是溝通的特殊存在，就其效力而言，我們說它具有約束力；言說

規則如果有效的話，那就是規範。言說作爲
有效的規範，並不是由於它有實效或事實性
才有效，雖然它並不等於事實，但卻是事實
的條件，因此倫理的價值並不在於對利益的
關係，而在於對規範的關係。

　　從公共論域到行動理論，在在的顯示哈
伯瑪斯對直接具有政治涵義的思考和行動都
感到興趣，也試圖在理論的基礎上，使免於
將權力淪爲暴力的公共生活得到具體的展
開。這原都是漢娜鄂蘭這位政治學家的理
想，在這個基礎上，哈伯瑪斯推進並超越漢
娜鄂蘭，把對「暴力或極權言說的批判」轉
變對「權力言說的合法性批判」。哈伯瑪斯
認爲，政治並不等同於漢娜鄂蘭所想的，只
是一起討論以便共同行動的人的實踐，其中
涉及到關於權力的獲得或是失去的問題，即
是充分處理「權力如何取得合法」的特殊現
象。換言之，「政治這個概念必須給予延伸，
將政治體系中那些政治權力的策略性競爭與
權力的運作都包括了進來」。

　　無論是威權統治社會或是自由開放社
會，權力問題都會對各式各樣的方法和手段
產生重要的影響。權力屬於任何政治型態的
基本動力，自修昔底德和馬基維利、霍布斯
和孟德斯鳩、馬克思和韋伯用權力學說去觀
察歷史和政治以來，其重要意義一點都沒有
消失。所有的社會再生產，以及所有權力建
制，都是以「常規的可預見性」爲基礎的。
日常活動可預見的常規的特徵並不是偶然的
東西，實際上，它是行動者在種種社會生活
環境中觸發的。公共論域正是社會生活中不
可或缺的「權力載體」，社會批判的問題就
變成是社會系統的建制和社會變遷的動力
中，對自由型權力關係和支配型權力關係的
考察。

　　哈伯瑪斯留意到社會系統有賴於權力的
制度性調解，換言之，他並不僅僅把握到行
動理論的部份，馬克思及其後輩跟隨者卻嚴
重的忽視了制度理論的建構。作爲當代馬克
思主義的代言人和發揚者，哈伯瑪斯企圖彌

補這個空缺。

　　在這個意義下，我們才會進一步追問：
一種政治制度要怎樣才能實現人的價值？在
制度的實施過程中，怎樣才能使人的價值不
致受到損害？或者換個角度去問：現代性言
說的理性化在科技工程和經濟體制的進步
中，怎樣才能既不需要用到暴力手段，又能
維護和改善人的生活狀態？任何嚴肅的政治
哲學或社會哲學的討論都不會迴避上述的問
題。

　　區分制度理論和行動理論正是漢娜鄂蘭
等人所未見的，哈伯瑪斯這方面的見地，很
大的程度是獲益自帕森斯和盧曼的社會理
論。他認為：

　　政治權力的施展與政治權力的產生，以
　　及統治是一回事；政治權力的謀取與維持又
　　是另一回事，必須分開來看。在論及政治權
　　力之產生的同時，實踐的觀念可以幫助我
　　們，但也僅止於此。領導地位如果不是根據

共同信念、根據「許多人公開同意的意見」
的法律與政治制度為依歸，則這個地位的任
何擁有者都沒有辦法施展權力，或者除他以
外沒有誰能質疑其政治權力。

　　換言之，漢娜鄂蘭和馬克思都犯上同樣
的錯誤，即把權力言說的支配性理論，狹窄
地限制在與權力的競爭和部署現象有關，卻
沒有能充分地處理權力言說產生的特殊現
象，即其建制化的面向。

　　哈伯瑪斯對於漢娜鄂蘭想退回到「自然
法」，以契約奠定權力言說的基礎很不以為
然。他指出，「制度概念和溝通概念兩者能
獲得一個公分母的唯一辦法，是假定結構性
暴力乃政治制度，且不僅是政治制度固有的
成分。結構性暴力並不以『暴力』的面貌出
現，而是以難以察覺的方式堵塞某些溝通的
渠道，使之無法塑造並宣稱對合法性的有效
信念」。就此，哈伯瑪斯把「意識形態」理
解為是權力言說表現對溝通的破壞，因此，

他就不是以一種權力言說替代另一種權力言
說來奠立權力言說的合法性，而是把權力言
說透明化、公開化，其結果是一種共識的獲
得，溝通的目的最後是以獲得承認收場。哈
伯瑪斯這裡提到「肯認」（*Anerken-*
nung），「共識理論」事實上就是一種「肯
認政治」。

　　所謂「制度」，就是由複數的互相聯繫
的角色整合而成的角色複合體，它決定著相
互行動、社會關係和社會資源分配，是一種
被賦予合法性的行動規則。制度概念與法系
統的聯繫最為密切。盧曼認為法律與社會之
間的特殊關係是，法律是社會的結構，而結
構的意義則在於其規則系統的複雜性之功
能。韋伯在法律社會學的真正貢獻，在於徹
底的回歸到一個與主體關聯的行動概念，人
的行動不再被視為是自然生存反應的特徵，
而是有意圖的反映需求和意義的行動界定，
帕森斯則推進了涂爾幹對社會規範結構的客
觀性把握，將韋伯主體與主體之間行動的意

義內化為規範，也就形成了一種可以化約為規範關聯的行動之功能上作分析。

從「社會系統功能」來把握現代法律的規範結構，無疑是一件極重要的工作，我們同意盧曼的做法，將自行構成意義的系統理論引進行動系統特性的分析中，將幫助於我們對法律在現代社會中的自我理解。接著，我們先從「分化」作為現代社會演化的理解開始。

現代社會日益複雜，系統分化越是加劇。我們很難再將社會化約成單一系統，社會的功能分化為不同的系統，決定了系統內實質的組織行動同時，也調整特定組織的環境，並選擇系統中的溝通媒介。系統自我調降愈複雜，愈形成其反身的再造機制。盧曼認為，社會演化包括「個人、角色、項目和價值」的分離，在他看來，結構分化發生在角色和項目的層次，結果出現了怎樣使價值和個人整合於組織系統內已成項目的角色之問題。動員和調解個體，「法律」扮演著功

能機制，而制定與項目相關之價值的機制則
是「意識形態」。

　　因為法律動員和調解人們參與角色和項
目，又因為社會分化必然在角色層次發生，
所以如果社會將要分化或演化，法律勢必成
為至關重要的次級系統。換言之，如果尚未
形成一個自主性的法律系統來規定權利、義
務以及人們扮演角色的責任，社會就不可能
變得複雜化。法律系統從社會制度中分化出
來，具有一種獨立自主的結構，成為現代社
會權力言說標誌最顯著的一個次級系統。法
的自主性觀念不僅僅是現代社會的現象，它
的自主性使得其他社會分化系統可以依賴法
系統進行整合，例如政治系統和經濟系統的
功能進一步分化，很大的程度是受惠於法律
系統。

三、法與道德

　　「法」與「道德」的分化是現代社會中的明顯標誌。「法」在這種意義上，具有作為社會程序的實在性；「道德」同樣作為社會秩序的現實性，在這一點上，道德與法有共同的公分母。康德哲學強調法（*Legalität*）的特性是與道德（*Moralität*）規範的外在性（*Ausserlichkeit*）相對立的內在性（*Innerlichkeit*），使得道德專屬於個人的「自由意志」的世界，這樣一來，在社會秩序方面，道德與法的共性就被淡化了。從另一個角度看，道德與法共同構成社會的統一秩序，道德與法同樣存在於規範、強制和秩序之中，正是這個意義，道德與法之間又有其關聯性。法是由伴有強制的規範而成立的一個社會秩序。強制的有無被認為

是法與道德之間的本質性差別，在某個意義
而言是正確的，但是，道德也具有作為道德
的強制性，規範、強制和秩序是作為社會秩
序的法和道德所共有的。

　　這種分化顯示，法律與道德之間存在著
互補的關係，而非從屬的關係。哈伯瑪斯認
為「法律與道德規則明確界定的規範有效性
不同，法律規範所擁有的合法性基於各式各
樣的理由。正當的立法實踐，依賴於論辯和
討價還價那種複雜的網絡，而不僅僅是道德
言說」。現代法律系統是依據個人權利建立
的，這些權利具有一種以謹慎限制的方式，
使法律的人擺脫道德義務的特徵。

　　由於維持商品的等價交換對資產階級經
濟具有本質性的利害關係，因此維持等價交
換的倫理，對資本主義的存在來說有著本質
的重要性。商品的等價交換，如果沒有倫理
就不能存在，資產階級的公共論域由此展
開，即把倫理置於商品交換的規範之中，即
人不得進行妨礙等價交換的行為，而且在資

產階級為使等價交換成為社會秩序的基礎，人們被賦予積極的倫理義務。資產階級經濟的出發點是作為利己的主體的人相互加以承認的交換利益，從而對人格自由及財產的尊重構成其基本倫理，公共性的倫理由此確立。

法律的作用在於對人格和財產的合法性維護，使得資產階級得以在秩序上獲得整合的規範。基於以上的理由，哈伯瑪斯認為法律是從較高的道德法當中確立其合法性的，「法律最好被理解為一種對道德的功能性替補。作為確實有效、合法制定以及裁決訴訟事件的法律，它能使那些依道德判斷來行事的人，擺脫那種完全基於個人良心的無數的有關認知、動機和組織需求的道德壓力。法律能夠彌補高標準道德要求的弱點」。

法律系統依據個人權利而建立，像道德一樣，法律亦被認定其為平等地保護所有人的自主性。法律必須在維護自由的條件下證明其自身的合法性。哈伯瑪斯闡明康德的意

思說：「只有當法律的人在行使其公民權利的過程中，能夠領悟到自身便是那些──他們被認爲是受衆而須遵從的──權利的創造者，他們才可能是自主的」。康德意義的道德自律的定言令式（*Kategorischer Imperativ*）：「要只按照你同時認爲、也能成爲普遍規律的準則去行動」，哈伯瑪斯往法律的方面推進，即「法律規範的約束性質並不只是基於公共輿論和普遍意志的形式過程，而且也源於制定和推行法律的權威當局集體約束力的決定」。作爲法權主體的個人自由與公民的公共論域自主是相互關聯的，道德領域是整體性的自主，在法律上則分化爲兩個領域：私人領域自主和公共領域自主。現代社會中，人的個體化與社會化是重疊的，愈是社會化，則愈是個體化，哈伯瑪斯看到了這一點，並將之理解作道德和法律相互滲透的結果。

　　哈伯瑪斯肯定的表示，「自然法」一方面是透過人民主權的原則，另一方面則透過

人權保障的法治。法律是作為同等保護私人
領域自主和公共領域自主的工具而合法化
的,只有當一項規則影響所及的所有人,在
參與理性的對話後同意,此一規則才可以宣
稱具有合法性,公民在公共生活中對溝通論
辯自由的運用,需要從法律上加以制度化,
這正是為何我們需要人權概念之理由。哈伯
瑪斯把法權主體的個人自由與公民的公共領
域自主,看成是道德領域的整體性,康德倫
理學的先驗部份被剝落了,自由和自主的統
一落在「公民的政治自主被認為體現在社群
的自主組織之中——即透過人民主權意志,
社會產生了它自己的法律;另一方面,公民
的私人領域自主被認為採取了確保公正法治
的基本權利的形式」。公共領域的相互承
認,從自然化的行為形式的具體道德中分離
開來,將其概括為調解和折衷本身的形式,
並透過制度化來加以保護;相互承認乃是溝
通行動的先決條件,而溝通行動首先使保護
社會化主體的自主和個體化成為可能。法律

確立了政治意願形成的合法程序，並與文化
帶動的公共領域，兩者的交互作用獲得理性
的根據。

四、法的公開鬥爭

　　現代法意識中最根本的因素是「法權主
體」意識的確立，即包括個人權利的主張自
由，和對他人權利的尊重、平等這兩個相互
關聯的因素。由於個人的權利的確定都是以
他人權利的共存為前提，因此「為權利鬥
爭」與排他的利己主義截然不同，不僅不會
破壞安定團結，反而會昇華為「為法制鬥
爭」，強化合法秩序。公民的法律自主此一
觀念要求法律的遵從者，同時能意識到他們
自身也是法律的制定者。現代法中的權利或
法的意識，雖然是由法權主體出發，但不純
粹是直接的個體主義，而是以相互承認的意

識為媒介；同樣的，社會性也不單單是直接
的集體主義，而是表現為以個人的權利意識
為媒介。這是私人與公共之間的關聯。所謂
公共論域的自主，只有在所謂的私人領域的
自主明確的確立後才得到確立；公共與私人
的差別，以及對公共的尊重，並不是靠外在
權威的強制，它必須是靠法律的保障。所以
公共論域的自主性在本質上與對其他主體尊
重相同，而且公共領域的自主如果沒有私人
領域的自主便不能自主，並且它又是私人領
域自主的本身。換言之，用哈伯瑪斯的話來
說，「一方面，只有公民在私人領域自主受
到平等的保護的基礎上充份獨立時，他們才
能夠適當地利用其公共領域的自主；另一方
面，只有在公民恰當地運用政治自主時，他
們才能在私人領域自主方面達致兩願的節
制」。這就是民主和法治的內在關係。

　　法律的合法性在於它的「相互承認」，
在這個規範程序下，公共論域的公開論辯獲
得保障。假如私人法權主體不共同運用其公

民自主性，清楚詳細地說明那種利益和標準
是合法的，並且在確定何時相同的事例應相
似地處理，以及對於不同的事例有差別地對
待等方面取得一致的看法（共識），那麼，
他們也就無法享有平等的個人自由。法作為
現代社會中互為主體性相互承認的規範原
則，現代法律系統也就不僅僅是道德的建制
化，而且分化了規範與價值，把涉及正義、
平等、自由等普遍主義的道德原則置於公共
論域溝通論辯；這意味著關於人民主權和個
人權利、民主與法治之間，視法律的辯護和
運用之外，還要考慮法律的社群成員的不同
利益的平衡、調解，如此一來，法律就不僅
僅涉及「規範性的領域」──關於行動是不
是「應當的」或「好的」，而且涉及「事實
性的領域」──關於行動計畫是不是「有
效」或「可行」。哈伯瑪斯以溝通行動的公
共論域確立民主制的程序合法性，提出「程
序主義」的民主觀，以超越當代政治學界中
自由主義和社群主義的兩難論爭。這個問題

將留待下一章說明。

「資產階級公共論域形成了一種政治意識，針對專制統治，它提出了普遍而抽象的法律概念和要求，最終還是認識到應當將公共輿論當作這種法律的唯一合法源泉。在整個十八世紀中，公共輿論都被當作建立在理性論辯的概念之上的規範的立法權限」。法律，根據這樣的理性概念獲得理解，即在更有說服力的論證中產生出來的公共輿論，要求其蘊藏著正確性和公正性於一體的合理性，甚至還必須具有道德性。公共輿論應當切合事情的本質，所以公共輿論試圖爲社會領域建立的法律，除了普遍性和抽象性的形式標準外，還要求自身有合理性的這一客觀標準。由於它具有普遍有效性，從而它能夠保障一切偶然之物都有著一席之地；由於它具有抽象性，所以同樣也能保障一切具體之物有著一席之地。在這同時，在這些條件下，從公開討論中得出的一切結論都要求具有合理性。法律與公共輿論所表現出來的理性，

即是公共論域建制化的體現，無疑的，哈伯
瑪斯正確的看到了現代社會的公共性與建制
化的關係，即公共論域與民主法治國家建制
之間有著不可分割的關係。

　　順應著公共論域展開的法律權力言說，
哈伯瑪斯在近期的論著中認為，它可以是脫
離自然法學論說的道德主張。事實上，法律
已經形成一個獨立自足的系統，法的權力言
說可以不是道德言說的一種特殊型態，在當
代的民主憲政國家體制中，法的權力言說自
始指涉具有民主合法性的法律規範，並且在
法律的基礎上運作制度。法律，作為現代社
會權力言說的載體，它不僅僅是指涉法律規
範的規章，它更多是以法律所創造的「溝通
形式」而進入法律體系中。哈伯瑪斯認為，
現代性社會的權力言說正是經由立法的民主
程序確立其合法性。現代法律是透過司法審
判程序建立一套「可錯性」與裁判精準性的
彌補制度。此一制度的規範，僅能逼近式地
滿足理性言說規則的要求，但是它卻透過正

確且具有內在一致的裁判，形成了一種在內容方面對法律的合法性與實證性的解決方案。

因此，法的實證性可以與道德上的正確性相關聯，法在實證方面的合法性問題，必須以法律制度所要求之可掌握性、資訊流通之豐碩性、境域詮釋之妥當性等標準來加以衡量。換言之，法律制度的開展是作爲詮釋性的實踐，不僅僅是基於理想溝通情境的先驗王國，公共領域與公共輿論在法治的前提上，以意識形態批判爲根據。權力言說以行動之社會關係維繫，法律無可避免地表現在一種爭取「承認的鬥爭」(*Kampf um Anerkennung*) 張力中，因此，既便是完備的法律體系，仍然必須在公共領域的具體脈絡中來論辯其合法性，而不是抽空的滯留在法律自身的系統中。這是不言而喻的。

哈伯瑪斯自覺地跟著康德的思路走，企圖從對現代性的批判，以追問自由的問題去處理權力的問題，視「權力爲一個防礙自主

性及有待批判的對象」，所以，主體也是就
「自由如何可能」的問題中去思考權力的批
判，法即是作為主體與主體之間設想為「認
可」和「相互對待」的普遍性和有效性的權
力關係，以此檢查權力的合法性。

　　法律與道德一樣，大部份在符合或不符
合行為標準的條件下，價值以服從或抵制某
一種狀況或規定來判定。哈伯瑪斯把法的倫
理體現，認為是主體與主體之間的共識或相
互認可的有效性，這樣的共識轉而再說成是
公共性的，可是「沒有一種具體的道德行為
不是指向普遍道德品格的，也沒有一種道德
品行不要求把自我作為倫理主體來塑造的，
也沒有一種倫理主體的形成不需要一個主體
化的方式及所賴以成形的禁慾或自我實踐
的」。這意味著主體本身的自主性是令人懷
疑的，如果這個質疑是正確的，什麼是公共
性、什麼是主體的權力言說得以建構起來的
因素、批判又從何說起？

　　接續著自由主義的傳統往前推進，哈伯

瑪斯視「合法性」作爲任何一種國家建制或
政治秩序都可能具有的特徵，旣不等於國家
的或統治者從意識形態上宣佈那些制度屬
性，也不能在制度系統的內部結構當中去尋
找，它只存在於一個社會的文化生活中。合
法性的社會建制或政治秩序具有雙重特徵：
一方面在這種建制系統之外，社會文化生活
獲得健全的發展，從而在社會文化領域確立
起了一整套普遍有效的行爲方式和價值規
範，正是在這樣的行爲規範，形成了無數能
使人性自由充份發展且具有群體認同的社
群；另一方面，這種政治秩序或社會建制在
大衆當中贏得了廣泛的信賴、支持和忠誠。
就在對政治秩序的忠誠和信任當中，個人自
主地履行自己的責任和義務，而忠誠和信任
之所以可能，是因爲人們可以就合法性的問
題展開公開的論辯，也爲社會整合提供良好
的理性空間。

　　「合法性，指對被認爲是正確和公正
的，對於政治秩序的判斷存在著健康的討

論；合法性秩序應當被認可。合法性意味著
一種獲得認可的政治秩序」。「合法性宣稱
與對於按規範確定的社會認同所做的社會整
合方面的維護有關。合法化使得這一判斷得
以成立，就是說它們顯示出現存的或被建議
的建制，爲什麼以及怎樣以下述方式，即以
實現那些對社會認同具有建設性價值的方式
使用政治力量」。哈伯瑪斯把政治秩序的合
法性體現爲兩方面：公共論域爲現代社會的
合法性提供自主的言說，以及大衆對政治秩
序的認可和忠誠。

　　哈伯瑪斯說：

　　關鍵性的論點是：「民主」這個原則來
自言說原則與法律形式的相互滲透。我把這
種相互滲透理解成權利的邏輯起源，對這個
起源人們可以作一步步的重構。我們先把言
說原則應用於一般意義上的擁有主觀自由的
權利，這種權利對於法律形式本身具有構成
性的意義；最後，對言說地行使政治自主性

的條件在法律上加以建制化。借助於此，即
政治自主性，一開始抽象地設定的私域自
主，可以追溯性地採用法律上組織起來的形
式。因此，民主的原則只能表現為權利系統
的核心。這些權利的邏輯起源構成了一個循
環過程，在其中，法典和產生合法的法律的
機制，也就是民主原則，是同源地構成的。

　　哈伯瑪斯設想現代社會的權力行使在於
溝通權力（kommunikative Macht）之行
使，主體的確立是在法學上論證而成。溝通
權力與法律體系來自於許多人公共同意之意
見，法律的有效性意味著透過溝通權力制度
化機制來保障公民的溝通自由，並藉此能不
斷創造具有合法性的法律，從權利理論延伸
至權力哲學。權利理論應該是以法律與權力
言說達致一種功能辯證的關聯，一方面權力
提供法以制度化之建制，另一方面則提供權
力合法統治之組織工具。

　　一種法律制度，只有當它保證所有公民

都具有同等自主時，才具有合法性。公民要
想自主，法律的受眾應當能夠把自己看作是
法律的主人。作為法律的主人，也僅僅意味
著他們可以自由地參與到立法過程中去。立
法過程是有所規定的，並體現為這樣一種溝
通形式，即所有人都可以假定，這樣制定的
規則得到了普遍和合理的承認。從規範意義
上看，沒有民主，也就不存在法治國家。另
一方面，由於民主進程必須依靠法治國家才
能機制化，所以，人民主權原則反而又需要
這些基本權利；沒有它們，根本不可能有合
法的法律；總歸一點，平等的主體行為自
由，就其身而言，是以全面保護個體權利為
前提的。

　　公共論域的政治就是「肯認政治」，
「權力的行使」只有在這個意義下才獲得它
的合法性。透過法權主體的確立，人的平等
利益涉及到相互承認個人的完整性，涉及到
對每個人的同等的尊重，涉及到應當珍惜的

人與人之間的互動往返，涉及到具有同等權
利的人的獨立性和相互關係。程序原則即是
法律對於內在倫理分化保持中立。人民主權
由於消融到互爲主體性的網絡中而變得隱匿
起來，繼而隱退到民主程序及其施行受到認
可的溝通預設之中。

　　哈伯瑪斯堅持現代性的方案，主體的溝
通能力即是權力行使的合法性要素，「相互
承認的有效結構，可以透過形成輿論和民主
政治意願的包容過程的溝通性前提，轉移到
以法律和行政手段來調節的社會關係領域中
去」。唯有這樣的堅持，現代性才不致於半
途而廢，批判才有必要繼續進行。

第十一章
程序主義的權利理論

一、危機中的自由主義

當代政治哲學界普遍捲入對自由主義的
鞭笞，哈伯瑪斯間接的加入了這場論戰。尤
其在一篇回應社群主義代表查爾斯‧泰勒
（Charles Taylor）的文章中，清楚的表達
了他對自由主義的修正，以及對於社群主義
或共和主義的批評，並再次重申他對公共論
域的維護和對法規範程序理性的堅守。對於
自由主義的批判，首當其衝的是羅爾斯
（John Rawls）。

關於社會政治的多元性，當代政治哲學
的主要議題是圍繞在「自由主義和社群主
義」的對立中展開，更恰當的說是對自由主
義的發難，哈伯瑪斯以溝通行動理論設想的
公共論域，很多時候都被理解為是自由主義
的修正和延續，他同樣也難逃於多元性問題

的糾葛。這裡無可避免的涉及到政治生活中的認同（*politische Identität*）或肯認（*politische Anerkennung*）的多元論問題。

按沈岱爾（Michael Sandel）在《自由主義和正義的侷限》的看法，自由主義哲學有四個構成的要素，它們分別是中立性的原則、權利優先於價值、價值論的主觀主義，以及笛卡兒式的自我觀。首先我們要問：言說的普遍性原則是不是建立在自由主義的中立性原則，以及寬容論上？介乎個體主義和集體認同之間，自由主義採取原子式個人主義的人觀，平等政治的基礎在於認定所有的人都值得平等的尊重對待，因此，一個理想的社會是不偏袒任何一個人的價值關懷，只有在這個意義下，也才可能建立起正義的權利理論。換句話說，自由主義的理論掏空了個人，及個人所代表的社群價值取向，以此保持對於每一個人的權利的充份尊重，和不被受到歧視的公平對待，這正是契合了當代

自由主義者羅爾斯的一句話：「『正確』優先於『價值』」（The right is prior to the good）。

　　就批判主體哲學的立場來看，哈伯瑪斯從一開始對於自由主義的原子式個人主義不表贊同，溝通總是植根於具體的生活世界之中，已經或總是必然地蘊涵著參與者的實際角色扮演。溝通必然預設了文化條件，溝通本身就在社會文化的語境中來進行，所以，它不必訴諸於羅爾斯的先驗化的正義觀。哈伯瑪斯批評羅爾斯自由主義的權利理論與社會條件的事實性之間的斷裂，「無知之幕」的原初狀態使公民自由討論的範圍受到了先驗的限制，個人與個人之間也就不存在著溝通的關係。言說的普遍性原則只和形式有關，它僅僅是作為實踐言說必須的構成性規範，但真正進入論辯中，亦非價值中立，亦非敬重寬容，而是利益取向。

　　因為形式並不是孤立個體的道德意識，自由主義的中立性原則是不可能存在於溝通

行動中的，哈伯瑪斯不像羅爾斯那樣，構思
出一種「無知之幕」（veil of ignorance）
的原初狀態，言說普遍性原則不是中斷價值
的抽象原則，它涉及到的是公共領域中的有
效性宣稱，即理性公開應用無可避免的規範
要求，亦即程序性是否合法的問題。羅爾斯
對權利理論的設想，實際上是完全將可能發
生的強制或不正當性事先排除在外，因而他
犯上了假設存在著某種可以隨意選擇的理
念、合理的先入為主的錯誤。哈伯瑪斯認為，
對於立憲民主制的權利理論來說，重要的不
僅僅是寬容，而且是商議（deliberative）；
不僅是自由，而且是民主。程序理性所展開
的是商議政治，有賴於普遍性的公共領域的
自由討論，基本上早已預設一個已經構成的
群體，它是交互主體的，也是爭取對差異承
認的。

　　哈伯瑪斯批判羅爾斯所謂原初狀態的設
想，既沒有必要也成問題。自由主義若從這
裡作為起點，會造成規範形成過程脫離實際

生活世界的危險，甚至無法滿足每一個個體
利益所引起的後果與附屬效果，當然更不必
說共同自願承擔起實踐的要求了。

　　哈伯瑪斯認爲現代社會應該承認這樣一
個事實：即對於權利理論的理解不再能訴諸
於一個統一的善的概念。事實上，並不存在
著一個固定的善的價值，羅爾斯從康德的傳
統出發想援救自由主義的心意不錯，唯他訴
諸於一個先驗的善是哈伯瑪斯所不能同意
的。關於這點，我們只須將實用主義的論證
往前推進，即在實際的理由及提出和追究活
動原因的能力中，使人類社會在缺少道德統
一的世界中尋找政治共識上的正義。因此，
哈伯瑪斯把對普遍性的要求與對不受制約的
政治和規範的言說形式的要求連在一起，有
效性宣稱只有在具有普遍性的條件下才能成
功，所有這些條件都是意志構成的推論過程
所需要的。

　　對社會化之任何偶然階段上之一般需求

的解釋，必須當作既定事實來接受。反過來，
它們也就不可能成為言說意志構成的考慮對
象。只有溝通倫理，才是唯一能透過有效性
宣稱的言說補償性，以保障被認可的規範之
普遍性和行動主體的自主性，如此規範也就
具備了有效性宣稱。換言之，唯有在可能獲
得普遍性的那些規範中，當人們參與或將要
參與言說意志構成過程時，在沒有任何強制
的情況下，能使其受影響的人取得或準備取
得一致的意見，普遍性的保障即在於此。只
有溝通倫理學具有普遍性，只有溝通倫理學
能夠保障自主性。

　　總之，普遍性原則是作為一種確立規範
的政治實踐的必要條件，它是一種自主的原
則，這是哈伯瑪斯得益於康德倫理言說的形
式主義論證基礎，與自由主義的中立性原則
和寬容論無關。

　　當代政治哲學的重建工作，大致上從三
方面展開。第一、在社會理論與倫理學之間

存在著一種辯證關係，我們既可透過從道德
上解釋人類行為這種嘗試中推斷出，也可以
從我們對什麼是有道德的人的理解中獲得一
種對於人類行為的充份說明；第二、個人自
由嫁接在社會理論、經濟學、政治理論和認
識論等理論方式的理解，對個人與其社會存
在之間的關係，作了相當嚴重的誤解，由此
展開了批評檢討的工作；第三、從以上兩個
論題所帶來的結果，對社群或共同體的概念
產生了興趣。社群主義對自由主義的發難，
有著這樣的思想背景。為推進公共論域的法
學作用，哈伯瑪斯間接的介入了這場論爭，
他主要是從三個論題建構其權利理論：第
一、在個人自主性方面確證權利體系；第
二、在國家的組織方式上提出法治國理念的
規範原則，而且在此原則下，進行對司法理
性的反思及司法審查必須性的論述；第三、
在政治的運作層面上架構商議民主的程序性
概念。

　　哈伯瑪斯把對自由主義與社群主義之爭

的理解，聯繫到自由主義與共和主義之爭
上。社群主義與共和主義沒有必然的對應關
係，然而，之所以把社群主義與共和主義相
提並論，主要是它們有個關鍵的共通點，即
是它們都以特定的倫理生活爲依據，以說明
立憲民主制度的合法性，而不採取自由主義
那種普遍主義的形式結構。哈伯瑪斯把洛克
和盧梭分別看作是自由主義和共和主義兩方
陣營的代表，分別將民主立憲制度的基本概
念往人權和人民主權方面展開，自由主義爲
防堵政府的干預而強調個人權利的優先性，
共和主義則主張政治目標應朝向共同體本身
的生活，即把政治意志形成過程歸結爲一種
集體認同的倫理生活和自我理解。他認爲，
自由主義所強調的人權觀念確實是法治的核
心，共和主義所強調的人民主權觀念確實是
民主政治的本義；但問題是離開了作爲最終
立法者的人民的立法，現代法就得不到它的
合法性，而離開了公民的自由，公民就無法
行使其民主權利。這兩種立場的分歧，可以

表現爲以下幾個問題：關於公民的權利是消極的自由，或是積極的自由？法律是規定個人的主觀權利，或是確保相關社群的共同體自主和團結？政治意志的構成是效率和策略市場型競爭，或是爲維護社群的價值和規範？

　　社群主義可以被視爲是對現代社會以私域自主爲權利言說提出的質疑。社群主義認爲，人的主體性不僅表現爲有選擇的自由和能力，而且表現爲對於選擇目標的自覺和反思，以避免選擇的恣意化和無力感，這種能使個人擺脫孤立和單一的主體，只有在共同營造未來的社群中才能得到陶冶。在個人選擇與公共選擇之間，存在著互換性的參與，也即自由只有在一定的語境中方能實現。哈伯瑪斯的溝通行動是以主體間際的交往互動模式，取代自由主義的主體性的單一個體主義模式，似乎傾向於接受社群主義的論點。事實不然。他的程序主義民主觀，既反對自由主義，也不贊同社群主義的論點，認爲民

主不僅涉及對特定社群好的生活（倫理的問
題），也涉及在不同利益和價值之間進行競
爭和妥協（實效的問題），甚至還涉及到如
何超出特定利益集團和倫理生活的角度以確
立符合所有人利益的規範（正義的問題）。

　　由於規範與價值、形式正義與實質正義
的對立，自由主義社會中的法，包含了許多
恣意的成分，不能透過明確的規範指示特定
的結果。此外，自由主義的法意識，實質上
掩蓋了社會矛盾，它是現代官僚體制的合法
化裝置。哈伯瑪斯想透過以個人自由為基礎
的溝通社群的建立，以克服自由主義的悖
論。一方面使得個體獨立於國家和舊的社群
（自由主義的功能：私域自主性），另一方
面在自主的個體社會化過程中促進個人與社
會的內在相互結合（社群主義的功能：公域
自主性）。這種觀點的實質意義在於，防止
自由主義帶來原子化，以及原子化的個人無
力抵抗國家權力的操縱性和官僚化統治問
題，進而追求一種有秩序的自由。

　　社群主義對集體權利的要求否定了傳統
以來有關民主法治國家一貫單純強調主體權
利的自我理解模式。現代法律的保障，雖然
是獲得國家認可的主體間的承認關係，但是
以此產生的權利確保，的確是永遠處於個人
狀態的法律主體的完整性中，說穿了就是要
維護個體的法律人格，亦即使個體的完整性
取決於相互承認關係的完整結構。可以這麼
說，完整性的集體經驗在此遭到破壞。究竟
集體行為的合法權利是否獲得保障？自由主
義的多元論實際上是假多元，它倡導的自
由，無異於使個體的集體經驗或價值遭致流
失的命運，因為它所採取的中立性原則是去
價值的，把差異的事實化約到世俗的倫理
觀，變成求同的普遍主義政治，以此獲取對
差異的寬容。

　　社群主義認為維護集體認同，便會與主
體自由的平等權利發生衝突。哈伯瑪斯贊同
社群主義對自由主義的批評，自由主義的法
律保護只體現在私人領域的自主。但是，社

群主義的論點也不無商榷的地方，他們僅僅
是對自由主義的基本原則作了一些修正，事
實上，它們仍然採納了自由主義的權利平等
原則，如果我們真正將平等權利予以深究，
並不會無視於文化差異的存在。換言之，社
群主義頂多是更進一步的貫徹了自由主義原
先的理想，因此，社群主義與自由主義之間
真的有那麼大的差別嗎？的確令人懷疑。哈
伯瑪斯對於社群主義想提出另一個與自由主
義相對立的模式表示「根本無此必要」。

二、超越自由主義與
　　社群主義

　　回顧歷史，哈伯瑪斯認為共和主義不僅
可以與立憲民主制度相連結，也可以作為替
限制立憲民主制度的保守主義，甚至君主主
義辯護。這就是為什麼詮釋盧梭的思想結果
時可以獲得民主和獨裁兩極化的原因。泰勒

與哈伯瑪斯對自由主義的認定明顯有歧異，
尤其表現在對於盧梭的詮釋上。哈伯瑪斯視
盧梭為對自由主義做出修正的共和主義者，
所以社群主義即是傾向於共和主義的，泰勒
則把盧梭認定為與社群主義相對立的自由主
義的典型代表。

　　哈伯瑪斯清楚地看到，泰勒的論點與自
由主義者不同，尤其關鍵的區別在於「認
同」（identity）與「肯認」（recogni-
tion）的不同。泰勒認為，現代社會起於一個
簡單的開始，那就是一個不斷對自我產生詰
問的過程，「認同」即是描述成自我理解。
現代社會之「自我理解」，就是透過與他人
的對話互動中建立，因此部份是公開的，部
份是內化的，「認同」是經由認知或缺乏認
知所塑造，並且常常是他者的誤認。導致自
由主義的錯誤，就在於這個透過自我理解的
個人化取向，繫於強調尊嚴的個人化或私人
化認同，以倡導所謂的平等政治。但卻因為
其假設中立，並且抹煞差異的情況下，形成

單一的霸權式文化，自由主義本身就是這樣
一種矛盾，亦即以普同主義的面具掩飾其特
殊主義（particularism）的面貌；泰勒的修
正是把認同提升到「肯認」，它立基於集體
的生活經驗，要求對獨特的認同，即承認他
人，由此避免同化，才產生真正的「差異政
治」。泰勒從詮釋學中獲得支持，獨特的認
同是集體的權利，因為個體背後共同有個文
化作為資源，語言即是最直接的詮釋界域
（horizon of interpretation），構成社群與
社群間的相互承認。泰勒的「肯認政治」，
一方面可對於一行為者所建立之特殊的自我
認同而發，另一方面，又可進一步的針對於
行為者特定認同的價值的承認。可見泰勒並
沒有拋棄自由主義的主張，只是將它擴大或
修正成社群的相互承認，涉及到集體經驗中
的文化和價值層面的體現，而不僅僅是個體
式的空洞認同。

　　哈伯瑪斯認為，「自由主義模式的法律
體系否認（私人領域自主與公共領域自主）

之間的內在聯繫，所以，它勢必要把普及基
本權利誤解成抽象地抹平差異。這裡所說的
差異，既包括文化差異，也包括社會差異。
但這些差異卻越來越必須依靠語境才能被清
楚地認識到，並得到適當的關注。公民權利
的普及永遠都是法律體系不斷分化的動力。
公民自身在其確立認同的生活語境中如果不
能實現嚴格意義的平等，那麼，法律主體的
完整性，也就難以得到保證。我們想要糾正
為了實現民主權利的民主觀念而不惜有選擇
地解釋權利理論，這種做法根本不必為片面
的自由主義提供對立模式來引進該體系完全
陌生的集體權利。」一種得到正確領會的權
利理論所要求的肯認政治，應當維護個體在
建構其認同的生活語境中的完整性，生活世
界的文化和價值理念當然是構成個體認同的
詮釋學背景，這是每一個能夠參與論辯的人
都必然預設的。由於只有透過合理的言說而
取得一致才能進行評價，因此，整個社群必
然都要參與這個評價過程。這一點無須採取

任何對立的模式來和另一種規範角度對個體
主義類型的法律體系予以修正，只要堅定不
移地把法律體系付諸實現即可。因此，問題
的焦點不在於法律的規範體系上，把法的普
遍性原則予以貫徹，不是拘泥於個體或集體
的權利衝突上做爭執。就這個意義來說，哈
伯瑪斯認為社群主義對自由主義的批評是無
效的。

　　哈伯瑪斯批評社群主義並沒有真正理解
或體認到自由主義的法治理論，權利理論與
法律程序規範是不能分開的，但是這不意味
著他就接受了自由主義的所有主張。自由的
溝通關係和商議需要制度化，即使是如此，
我們也無法保障我們在所有問題上都能取得
一致的認可，換言之，商議決不能取消分歧，
商議只能考慮我們能夠採用非暴力的形式來
對待分歧與衝突。這涉及到法的鬥爭與承認
政治的關係。社群主義的困境，就是將法律
和倫理——政治的自我理解混為一談，民主
進程的原則，對於權利的尊重不會允許在國

家範圍內的某種生活方式，以靠貶低其他生
活方式而獲得特權的。我們必須回到法律體
系的具體實效上來重新評估權利理論。民主
法治國家行使政治權力有雙重途徑，即對發
生的問題加以機制化的處理，和根據程序對
各種利益進行調節，「法律對於內在倫理分
化保持中立，這充份表明，在複雜的社會中，
公民的總體性不再是由某種實體性的價值共
識來維持，而是交付有關合法的立法程序和
行政程序共識來保證」。

自由主義沒有體認到法律平等與事實平
等的不同：

有了法律平等，行為自由也就有了保
障；行為自由千差萬別，所以不會實現生活
條件或權力地位的事實平等。但現在看來，
一方面如果法律中規定的機會均等原則的實
現前提不能得到充份的滿足，那麼，法律平
等的規範意義將適得其反；另一方面，實際
生活條件和權力地位所要求的平等又不能導

致一種「規範化」的干預，使假定的受益者
的活動餘地僅限於建構一種自律的生活。如
果權利政治把目光緊盯著保護私人自律，而
無視私人的個體權利，以及參與立法的公民
的公共自主之間的內在聯繫，那麼，它將與
洛克意義上的自由主義的權利典範，在一種
目光同樣短淺的社會國家的權利典範兩極之
間無助地搖擺。

　現代民主法治國家的可貴，即在於保障
私人領域自主和公共領域自主，唯有程序理
性的商議民主，能超越自由主義和社群（共
和）主義的兩極。自由主義保護私域自主，
卻忽略了公域自主，社群主義犯上社會福利
國的毛病，維護公域（集體）自律，卻忽略
了私域自主。根據程序民主的法律概念認
為，民主進程必須同時保障私域自主和公域
自主，除非在公共討論中那些涉及到切身利
益的人，自己起來闡明並證明對於典型的平
等或不平等永遠都是事關緊要的，否則，主

體權利雖然應當保障，在私域中過一種自主
的生活，卻因爲性別差異、文化差異，無法
得到恰如其份的表達，反倒形成新的歧視。
婦女問題即是一個鮮明的例子。

　　哈伯瑪斯的程序主義旨在修正自由主
義，或推進自由主義的私域自主和公域自主
的內在聯繫，即社會化與個體化之間的調解
問題。程序主義把涉及正義問題的言說規
則，和論辯形式作爲民主政治的核心，它賦
予民主政治的規範色彩要淡於共和或社群主
義，並強於自由主義，同時，又承認民主政
治中的倫理與實用因素。

　　程序主義主張理性的公開運用，所採取
的是參與者的模式，對公共論辯的參與者而
言，重要的是什麼是有效的，而對於社會現
象的觀察者而言，重要的是什麼是實效的。
權利理論應該視公共論域的存廢問題爲所有
問題的癥結，所以唯有當公共論域起著作用
時，才可能有效地承認種種權利。

　　權利理論不一定與對於權利這個概念的個人主義的壓縮相聯繫。如果我們從互為主體的權利概念出發，錯誤的真正根源是很容易被發現的；必須首先由公共討論來澄清，在什麼方面，婦女和男人的特定團體的體驗和生活情境之間的差異，和利用種種個人自由的機會有關的，切勿以為由制度加以定義的性別成見是某種既存的東西。在今天，這些社會建制只能以自覺的、言說的方式來形成，它們要求受影響的各方自己來進行公共商討，以此來闡發比較的標準、辯護有關的方面。

　　眞正的權利是透過公共論域來顯示，公共言說產生的輿論，不僅僅賦予政治權力合法化，卻也不致於把它形構成政治權力，而是使它合理化。私域自主和公域自主的詮釋循環意味著：個人權利和自由是公民公開地參與公共輿論和意志構成的法律前提，而且還在合理的言說情境中，對自身權利的辯護

和理解獲得增進與澄清。

　　在哈伯瑪斯看來，沒有確保公民私人領域自主性的基本權利，這些公民作為國家公民運用其公共領域自主性的條件，就無法用任何媒介在法律上加以建制化。平等公民的私域自主，只有在他們積極行使其公域自主時才能得到保障。制度化的言說原則，加上以政治自主性之言說運用作為制度性的條件，權利理論才真正獲得確立。哈伯瑪斯強調，作為法治之基礎的人權，對於作為民主之基礎的人民主權的依賴性，公民是透過參與公共討論而形成共識或賦予規則以合法性，因而民主與人權的概念和內容與公共領域的自主原則是不能分開的。

　　人的平等利益，涉及到相互承認個人的完整性，涉及到對每個人的同等的尊重，涉及到應當珍惜的人與人之間的互動往返，涉及到具有同等權利的人的獨立性和相互關係。一個社會、一種文化是否要求它的成員過一種異己的生活，或者是否允許他們過一

種或多或少適合於自己的生活；判斷一個生活是否美好是倫理（*Sittlichkeit*）的問題，不是一個正義共同生活的道德（*moralität*）問題。「倫理問題顯然不能由道德觀念來裁決，要想對倫理問題做出不偏不倚的評價，倒是應當立足於得力的價值判斷，應當依靠一切群體的自我理解和對未來生活的設計，也就是說，應當視它們共有的善的觀念而定，倫理問題強調第一人稱，所以從語法角度來說，倫理問題已經涉及到了個體或群體的認同」。

哈伯瑪斯要我們將兩種狀況分開：一個人的尊嚴受到侵害，不同於他在生活上受到的挫折；一個人的尊嚴受到保護，並不能保障一個人能過美好的、令人滿意的或者幸福的生活。如果正義的社會生活條件，不能為文化生活現狀提供保障，這使我們認識到，保障他們享有同等的生存權利和他們的自由溝通是何等的重要。問題不能將政治與法律混為一談，法律的肯認鬥爭本身既已包涵了

現實的集體目標而非僅僅在一般的政治目標
上，哈伯瑪斯憂心社群主義對法律體系的破
壞和懷疑會得出反面的效果，特別提醒社群
主義者：「在複雜的社會中，公民的總體性
不再是由某種實體性的價值共識來維持，而
是由有關合法的立法程序和行政程序的共識
來保證」。

　　「公民如果在政治上保持一體化，就會
擁護這樣一種合理的信念，即政治公共論域
中的溝通自由、解決衝突民主程序及政治權
力的法制途徑，並為限制非法權力和確保行
政權力體現所有人的利益打下了良好的基
礎。普遍主義的法制原則表現在一種程序的
共識之中」。程序原則即是法律對於內在倫
理分化保持中立。人民主權由於消融到互為
主體性的網絡中而變得隱匿起來，繼而隱退
到民主程序及其施行受到認可的溝通預設
中。

　　現代社會的權利言說，要靠三種媒介來
維繫：貨幣或市場、行政官僚或國家政體，

以及共同價值規範或語言來一體化。三方缺
一不可，關鍵在於三者之間的平衡。除了行
政權力和私人利益之外，現代社會更需要的
是資源整合的團結一致。社群主義過份地強
調集體認同，恐怕會因而失去了社會的團結
和正義的維護，哈伯瑪斯意識到這個問題，
他同意團結一致的生活必須超越社會差異，
並對異己形成承認，這種情況必須是讓公民
有機會透過民主方式參與立法，透過一部同
道德相一致的成文法的諸種抽象規則來實
現。

　　相互承認的有效結構，可以透過形成輿
論和民主政治意願的包容過程的溝通性前
提，轉移到以法律和行政手段來調節的社會
關係領域中去。

結語

　　哈伯瑪斯是一位「現代性的弓箭手」。
他積極捍衛著啓蒙哲學所代表的理性傳統，
面對形形色色的思想對現代性主張的攻擊和
破壞時，哈伯瑪斯不避諱的迎接論戰，宣稱
自己的理論工作即是要爲現代性謀出路，堅
持爲理性的原則辯護，「完成現代性的方
案」。他成了一位精力旺盛、好鬥型的當代
思想家，似乎想一舉打敗所有的對手，以鞏
固自己的學術理想。

　　對於這樣一位難以對付的思想家，我們
還是想約略地對他的論點稍做批評和反思。

　　首先，關於我們在閱讀哈伯瑪斯著作時
的感受。不管哈伯瑪斯本人的閱讀方法算不
算是不是一種批判的詮釋學，他的閱讀方式
像是一種後現代的閱讀戰略，充斥著解構的
氣息，又像是實用主義的閱讀，讀出自己想
要的部份，扭曲那些恰好可以構成他的理論
競爭和批判的部份。所以，閱讀哈伯瑪斯著
作中對韋伯、馬克思、德希達、傅柯等人所
做的詮釋，都會叫我們產生困惑，究竟是我

們在經典上所理解的韋伯、馬克思、德希達、
傅柯等人的思想正確呢？還是哈伯瑪斯所理
解的才是正確的？對每一位初次接觸哈伯瑪
斯著作的人都會產生這種格格不入的印象，
因此說起來，哈伯瑪斯的著作並不難讀，主
要是難在他所詮釋的思想，究竟如何與我們
先前所認識的連結起來。

　　我們不難發現，哈伯瑪斯很喜歡將別人
的論點納入自己的理論框架中做評價，也就
是說，他先假定自己一套分析模式或進路的
正確性，再以之作為考驗別人的理論或看法
是否正確，迎合他理論的成為他的註脚，違
反他理論的成為被批判的對手。因此，在他
的詮釋過程中，也就強行的注入了自己的理
論偏好，甚至不惜扭曲、強解別人的論點以
作為補足自己的論據或凸顯別人理論缺失的
材料和工具。

　　這個現象尤其明顯地表現在他對馬克思
的理解上。至少我們可以肯定的說，哈伯瑪
斯並未依循馬克思作品本身所提供的論證過

程來判定其接受與否，而是隨手拈來，拿到
自己預先舖陳的架構中，表達對馬克思的批
評；甚至他不直接引用馬克思原典就對他做
批判，眞正的馬克思就這樣被遺忘了，還進
一步塑造一個假想的馬克思來攻擊一番。這
種態度使得讀者很容易產生對他的學術誠意
的懷疑。除非我們已先接受哈伯瑪斯的理論
架構和進路，否則他所做的批評都變成了無
的放矢；反過來說，若是我們認爲哈伯瑪斯
的理論架構是很具說服力的，自然的，我們
就會覺得他對一些思想家的批判又可以說不
無道理或深具洞察力。

其次，關於「勞動和互動」的區分。是
哈伯瑪斯邁向建構溝通行動理論一個核心的
觀點，這個以「語言轉向」作爲說明積極的
而非悲觀的批判理論的論點成了他的理論標
誌。但是，他將馬克思的勞動全然視爲是工
具目的理性行動的說法，就很值得商榷。誠
如許多學者指出，馬克思的「勞動」概念不
能僅僅當作是人與自然的工具性行動而已；

事實上，勞動更多地是涉及到關於人與人的關係上去，也就是哈伯瑪斯津津樂道的「互動」，只是馬克思缺少了一層「語言轉向」的動作而已。

再者，他把馬克思的「勞動」完全等同於「生產力」，這點也是可疑的。哈伯瑪斯含混的將「生產力」、「勞動」和「工具——目的理性」劃上等號，又把另一組「生產關係」、「互動」和「溝通行動理性」劃上等號，其中有過多的理論跳躍，哈伯瑪斯均沒認真的交待和處理，導致他的整體架構在理論上減低了不少說服力。至少我們可以說，把「勞動和互動」視為對立和不相容的概念，在馬克思的作品中是無法找到太多論據支持的。

按紀登斯（Anthony Giddens）的看法，哈伯瑪斯在「互動」這一概念上至少犯上了三重的化約：首先，把「互動」看成等於或可化約為「行動」是一項錯誤；其次，將「行動」化約成「溝通行動」也是錯誤

的；最後，假定能僅從「規範」此一層次來
檢查「溝通行動」，又是一項化約。

　　第三方面，哈伯瑪斯在陳述批判理論的
性質時，對於他在《知識和人類旨趣》一書
所提供的「解放的旨趣」這一點始終很堅
持，而且將此焦點徹底地貫穿在他對意識形
態批判的揭露態度上。是不是有這麼一個解
放──自主和負責──的境地，我們暫且不
去討論。但是，我們認為哈伯瑪斯所謂的
「解放的旨趣」是從被支配到免於支配的權
力邏輯中推導出來的，而且以此構成形式
上、不具內容的知識趨向，是一種權力關係
上的鬆解。

　　所以，哈伯瑪斯為我們預先設定一個在
經驗上無法驗證的理想狀態──解放的狀
態，再以此理想狀態構成或推動批判的基
礎，這樣的基礎基本上是相當思辨性的，或
更接近於一種烏托邦的思考模式，甚至還犯
上某種循環論證，以一個有待證明的狀態作
為實現此狀態的依據。換言之，我們現今的

處境有宰制的現象，而我們設定一個非宰制
的處境，並實現之，是可能的，也是必要的；
哈伯瑪斯的作法，換成是馬克思，即是從異
化的狀態導出非異化的狀態那樣，從批判資
本主義導出共產主義社會經濟那樣，都是一
種歷史哲學的信念在起作用。

　　就因為這樣，有學者就冠以他「理想主
義者」的稱呼，來指稱哈伯瑪斯堅持自西方
啟蒙運動此一理性主義的啟蒙式的歷史哲學
思考，企圖在非理性主義的廢墟中找到理性
主義的蛛絲馬跡，以虔誠的心貫徹現代性的
主張。法國學者對於哈伯瑪斯的作法不表贊
同，甚至是憂心忡忡的表示這是一種新型的
宰制；法國學者普遍懷疑哈伯瑪斯的這項預
設，認為所謂理想性的溝通情境事實上就是
一種缺乏批判的烏托邦幻想，李歐塔形容它
是「巨型論述」，或者在我們看來，就是
「康德主義式的行動觀念論」。

　　是不是依循著溝通理性或理性論辯的態
度或方式，就能實現所謂的「解放的社會」

——自主和成熟的人？這點仍有待觀察。然
而，我們至少可以肯定，溝通理性並不是唯
一的方式，它至多也只算能處理到社會行動
中有關「共識」或「規範」等關係性活動的
部份，使一個社會得到繼續發展的可能性，
和實用性的暫時處理我們此時此刻的問題。
也許人們對意義的追尋或個體價值的追問，
還必須依賴現象學或形上學這條路徑，因為
過份強制的將個體所有的問題化約成社會關
係性的範疇上去，顯然是不恰當的或過於誇
張的做法，尤其是宗教反思和審美經驗如何
化約到溝通理性的範疇呢？這是哈伯瑪斯缺
乏深思熟慮的領域，而且他還始終的保持著
他那份啟蒙主義的高姿態和偏見，不願對這
兩個領域多談論或表示肯定。

　　第四，哈伯瑪斯與法蘭克福大師前輩的
作風相似，也不太注意歷史研究和經驗分析
的結果。哈伯瑪斯對晚期資本主義所做的批
評，相當程度上是思辨式的現象觀察，並非
全然依賴其他領域，尤其是經濟學，所做的

研究成果。因著經驗分析方面的欠缺,他對
一些現象的論斷也過於大膽、流於猜測,導
致批判性的準確度並不十分可靠,自然也就
相當可疑。當然,我們贊同應該小心翼翼的
看待實證主義的研究成果,不能同意實證主
義或經驗論者那樣,流於常識性的把資料或
數據視爲絕對的獨斷立場,但是,要是完全
不顧經驗分析的成果也有失允當。

對於歷史變遷的解釋,和經驗數據的分
析,都有助於我們對種種現象的觀察,也使
我們在重建理論上更獲得肯定。這方面的缺
失,很明顯的暴露在哈伯瑪斯的論證過程
中,使得他的研究成果比較偏向於吸引哲學
界,社會學界對他的關注並不如想像中的
高,甚至他對經濟問題的論斷也很少引起經
濟學者的關注,相反的,法國年鑑學派的布
勞岱在歷史學上的貢獻,卻影響到經濟學者
對他的關注。

另一方面,哈伯瑪斯對某些理論或研究
成果過度信任也是令人擔憂的。雖然他曾表

示對《知識與人類旨趣》一書的某些預設性
的論據已予放棄,可是他並沒有明確說出是
那方面已經放棄,在對批判詮釋學的方法論
建置方面,哈伯瑪斯幾近將佛洛伊德的精神
分析學說視作為批判理論的根據,且奉之為
社會批判的理論典範,以後他所推進的溝通
行動理論,也與其之前使用過的精神分析學
明顯存在著理論的親似性。事實上,佛洛伊
德的理論在許多方面仍有待商榷,後來一些
學者對心理分析的修正和補足,似乎都對佛
洛伊德原有的想法並不是很有利。哈伯瑪斯
過份天真的相信心理分析,並擴大成對集體
心理潛意識的批判和理解,我們都保留地接
受。

　　再者,哈伯瑪斯在援用語言學、心理學、
人類學的研究成果時,雖然都經過了某個程
度上的轉化,但是他的理論似乎都有賴這些
研究來支撐,若這些領域的內容進一步有新
的發現和研究成果時,相對的,哈伯瑪斯的
理論不也就多少減弱了其說服力嗎?

　　最後，關於他與法國思想界之間「現代
與後現代」的爭論可以再多說一點。事實
上，哈伯瑪斯與傅柯之間的理論距離並不如
想像中的大，問題在於他始終都將對手詮釋
成是與他的理論或立場相衝突的，他詮釋後
現代學者的論著時更是武斷和任意，甚至顯
得漫不經心，嚴重缺乏學術誠意，使兩者之
間的對話幾近關閉起來。事實上，在法國陣
營的學者中，尤以傅柯最能找到與哈伯瑪斯
有「溝通情境」的一位，特別是涉及到社會
理論的面向，兩者都同樣是沿著批判理論的
進路進行的，傅柯所關心的「權力」和「批
判」的問題，也正是哈伯瑪斯所關心的。

　　哈伯瑪斯一生的哲學鬥爭的焦點，喜歡
為自己的對手扣上有罪名的帽子，對手往往
都會覺得莫名其妙、啼笑皆非。他對於對手
最常見的有兩方面的指責：一是實證主義，
一是相對主義，這兩項罪名聽起來都與「非
理性主義」有關，代表一種拙劣且缺少批判
的「意識形態」。對哈伯瑪斯而言，傅柯的

方法論確實是比實證主義機警得多，所以譏諷傅柯是一位「幸運的實證主義者」；另外在建構其對權力的批判理論時，卻自挖理論牆腳，喪失其批判的有效性宣稱。傅柯恰好都背負了這兩項罪名，這是哈伯瑪斯在批判其對手時極少出現的狀況，看來他似乎是宣佈傅柯所犯上的錯誤是「非常嚴重」、不可原諒的。

哈伯瑪斯在《現代性的哲學言說》出版前尚未閱讀到《性史》卷二、三、四，所以他對傅柯的理解是不夠全面和任意的，有許多的批評可以說是無的放矢。他在《現代性的哲學言說》中花了兩章的篇幅批判傅柯的論點，學界普遍厭惡哈伯瑪斯對傅柯暴力的解讀，尤其是他還編造說「隱藏在傅柯立場中」存在著所謂「驚人的矛盾的假象」。我們確實不能認同哈伯瑪斯刻意的「盲點」、嚴重的誤讀、非常局部的選擇性閱讀，在引證傅柯的著作時，依賴的僅是一些常識性觀點，或只是選擇一般的序言、評論以及會談

記錄，任意的扭曲傅柯的文字。但是話又說回來，我們也大可不必因為哈伯瑪斯的粗略作法而忽視他對傅柯的批判，我們可以引證回傅柯的著作替他辯護。也許，我們必須明白哈伯瑪斯的「策略閱讀」，這在他的其他的著作中早已司空見慣。哈伯瑪斯的作法是首先強加於某種「立場」在傅柯身上，再接著說明傅柯的立場如何的自相矛盾，並認定他「全面否定現代性」。

哈伯瑪斯認為，傅柯對現代性的批判要是成立，就會摧毀它研究的基礎，它的批判也變成是無效的。相對主義在自我指涉上是自我否定的，這是相對主義的後果。哈伯瑪斯認為傅柯「操作性的矛盾」，必然會以導致「自我指涉的似是而非」為結果，可是這兩方面的指責均是子虛烏有。

哈伯瑪斯指責傅柯是相對主義，但問題在於「什麼是相對主義？」。哈伯瑪斯提出，相對主義的指責是緊跟著歷史主義的罪狀一同出現的，換言之，「歷史意味著相

對」，傅柯無論在前期的考古學和後期的系
譜學操作，都很難洗脫歷史主義者的嫌疑，
然而，歷史的批判必然是相對主義嗎？這種
指責恰好是後現代主義或解構運動最痛恨的
標籤，他們反對理性主義者毫無節制的使用
二元論的框架來處理事情，以爲任何放棄基
礎的批判必定落入相對主義。事實上，普遍
化的歷史性就是主體化和理性化的歷史性的
後果。正如懷疑論不是錯誤的同義詞，相對
主義也不是非理性的同義詞。「相對性」不
一定等於「相對主義」。

　　依吾人所信，哈伯瑪斯對於傅柯相對主
義的指控是出自於誤解，或者是爲了以現代
性對抗後現代性而「預設了立場」。哈伯瑪
斯同意對基礎主義的揚棄，但是普遍主義卻
是一個不能取消的立場，任何對這個立場的
背離，一概被視作是自相矛盾的，問題是：
普遍主義是如何證明它的必然性，一個有待
證明的預設如何成爲批判的依據？這是問題
的焦點。

　　不同的解釋是可能的，說一個解釋是好
的，並不意味著是唯一的，說它是有效的，
也不意味著是必然的。對於相對主義的指
責，暗含著認為只能存在著唯一的，「非此
則彼」的無選擇性，以為否定理論體系等於
放棄說話的權利。這的確是過於武斷。筆者
認為，哈伯瑪斯有必要將「相對性」和「相
對主義」分別開來，因為預先假定存在著某
個「唯一」，才可能有相對主義的結果；問
題在於傅柯並沒有考慮、也不嘗試假定某種
先驗的絕對，系譜學就是一種更為激進的批
判詮釋學，旨在超越主觀／客觀、相對／絕
對的二元分析，因而只有多元的「相對
性」，並不是所謂的「相對主義」，「相對
主義」的指責聽起來向是「反動的政治罪
名」或「邪惡的極左」。「相對性」在這裡
可以指「多樣性」，而且，批判地宣佈了
——任何專制或壟斷對真理的詮釋都是不合
宜的。

　　正如傅柯說過人們不可能反對理性，道

理很簡單，反對理性必然是訴諸於某種相對
於理性的東西，就會重新落回二元的框架
中。所以他不像李歐塔反對「共識」、捍衛
「不一致」，後者事實上是將自己放在一個
不利的位置，如果刻意的強調「不一致」，
不也無意的製造某種「共識」了嗎？傅柯意
識到一點，在捍衛理性無助於防犯理性墜入
野蠻的情況下，儘管反對任何形式的普遍和
基礎，但是並不把反對本身當作必然的目
地。

　　有趣的是，基於對生活世界的訴求，哈
伯瑪斯對理論的堅持也潛在著「相對性」。
哈伯瑪斯的「共識」理論也曾被批判為相對
主義，但是，我們也看到哈伯瑪斯表示對這
種批判的輕視，哈伯瑪斯也不希望「共識」
成為某種拙劣的「唯一」。共識作為「暫時
性的結論」並不宣佈是「絕對的」，理性的
公開使用使共識不能是某種抽象的理論，將
共識視作是手段，理性的公開論辯增加批判
的能力才是目的。

　　按哈伯瑪斯的論點，理論本身總是被不
能完全呈現在理論中的背景所制約或規定，
背景的不同導致了生活世界的不同，它們雖
然都涉及溝通行動的假設，但是由於背景的
不確定性，使得達到共識的理想幾近是不可
能的。生活世界的背景或者可以對於共識的
風險構成一種保守性的抗衡，所謂共識不也
就是眾說紛紜的折衷主義嗎？哈伯瑪斯也不
得不承認，這種「相對性」確實也存在於他
的理論中。

　　總之，不管我們是否贊成哈伯瑪斯的論
點，他仍不失爲二十世紀最重要的思想家之
一。我們相信，他的哲學和社會理論的遺產
將成爲下個世紀思想家共同面對的挑戰之
一，在他所建立的理論基礎上，考驗著我們
是否成功地往前推進批判理論的傳統。

哈伯瑪斯參考著作：

德文原著部份

1.Habermas, Jürgen *Das Absolute und die Geschichte*：*Von der Zweispaltigkeit in Schellings Denken*, Inaugural Dissertation Philosophie, Universität Bonn, 1954.

2.——*Student und Politik* ：*Eine soziologische Untersuchung zum politischen Bewusstsein Frankfurter Studenten*, Neuwied/Berlin, Luchterhand Verlag, 1961.

3.——*Strukturwandel der Öffentlichkeit* ：*Untersuchungen zu einer Kategorie der bürgerlichen Gesellschaft*, Neuwied/Berlin, Luchterhand Verlag, 1962.

4.——*Theorie und Praxis*, Neuwied/Ber-
lin, Luchterhand Verlag, 1963.

5.——*Erkenntnis und Interesse*, Frankfurt
am Main, Suhrkamp Verlag, 1968a.

6.——*Technik und Wissenschaft als "In-
deologie"*, Frankfurt am Main, Suhr-
kamp Verlag, 1968b.

7.——*Theorie der Gesellschaft oder
Sozialtechnologie : Was leistet die
Systemforschung*?, Frankfurt am Main,
Suhrkamp Verlag, 1971a.

8.——*Philosophisch-politische Profile*, Fran-
kfurt am Main, Suhrkamp Verlag,
1971b.

9.——*Legitimationsprobleme im Spät-
kapitalismus*, Frankfurt am Main, Suhr-
kamp Verlag, 1973a.

10.——*Kultur und Kritik*, Frankfurt am
Main, Suhrkamp Verlag, 1973b.

11.——*Zur Rekonstruktion des Historis-chen Materialismus*, Frankfurt am Main, Suhrkamp Verlag, 1976.

12.——*Kleine Politische Schriften* (I-IV), Frankfurt am Main, Suhrkamp Verlag, 1981a.

13.——*Theorie des kommunikativen Han-delns, Band.1*：*Handlungsrationalität und gesellschaftliche Rationalisierung*, Frankfurt am Main, Suhrkamp Verlag, 1981b.

14.——*Theorie des kommunikativen Han-delns, Band.2*：*Zur Kritik der fun-ktaionalistische Verunft*, Frankfurt am Main, Suhrkamp Verlag, 1981c.

15.——*Zur Logik der Sozialwisseens-chaften*, Frankfurt am Main, Suhrkamp Verlag, 1982.

16.——*Moralbewussetsein und Kommuni-katives Handeln*, Frankfurt am Main,

Suhrkamp Verlag, 1983.

17.——*Vorstudien und Ergänzungen zur Theorie des kommunikativen Handelns*, Frankfurt am Main, Suhrkamp Verlag, 1984

18.——*Der philosophische Diskurs der Moderne* : *Zwölf Vorlesungen*, Frankfurt am Main, Suhrkamp, 1985a.

19.——*Die Neüe Unübersichtlichkeit: Kleine Politische Schriften V*, Frankfurt am Main, Suhrkamp Verlag, 1985b.

20.——*Eine Art Schadensabwicklung* : *Kleine Politische Schriften VI*, Frankfurt am Main, Suhrkamp Verlag, 1987.

21.——*Nachmetaphysisches Denken*, Frankfurt am Main, Suhrkamp Verlag, 1988.

22.——*Die nachholende Revolution* : *Kleine Politische Schriften VII*, Frankfurt am Main, Suhrkamp, 1990.

23.——*Texte und Kontexte*, Frankfurt am

Main, Suhrkamp, 1991a.

24.——*Erläuterungen zur Diskursethik*, Frankfurt am Main, Suhrkamp, 1991b.

25.——*Fakitizität und Geltung: Beitrage zur Diskurstheorie des Rechts und des Demokratischen Rechtsstaats*, Frankfurt am Main, Suhrkamp, 1992.

英文譯本部份

1.Habermas, Jürgen *Knowledge and Human Interests*, trans. by Jeremy Shapiro, Boston：Beacon Press, 1971a.

2.——*Toward a Rational Society：Student Protest, Science and Politics, trans.* by Jeremy Shapiro, Boston：Beacon Press, 1971b.

3.——*Theory and Practice*, trans. by John Viertel, Boston：Beacon Press, 1973.

4.——*Legitimation Crisis*, trans. by Thomas McCarthy, Boston：Beacon

Press, 1975.

5.——*Communication and the Evolution of Society*, trans. by Thomas McCarthy, Boston : Beacon Press, 1979.

6.——*Philosophical-Political Profiles*, trans. by Frederick Lawrence, Cambridge, Mass : MIT Press, 1983.

7.——*The Theory of Communicative Action, Vol.I : Reason and the Rationalization of Society*, trans. by Thomas McCarthy, Boston : Beacon Press, 1984.

8.——*The Theory of Communicative Action, Vol.II : Lifeworld and System : A Critique of Functionalist Reason*, trans. by Thomas McCarthy, Boston : Beacon Press, 1987a.

9.——*The Philosophical Discourse of Modernity : Twelve Lectures*, trans. by Frederick Lawrence, Cambridge, Mass : MIT Press, 1987b.

10.──*On the Logic of Social Sciences*, trans. by Shierry Weber Nicholsen and Jerry Stark, Cambridge, Mass : MIT Press, 1988.

11.──*The New Conservatism* : *Cultural Criticism and the Historians' Debate*, ed. and trans. by Shierry Weber Nicholsen, Cambridge, Mass : MIT Press, 1989a

12.──*The Structural Transformation of the Public Sphere* : *An Inquiry into a Category of Bourgeois Society*, trans. by Thomas Burger, Cambridge, Mass : MIT Press, 1989b.

13.──*Moral Consciousness and Communicative Action*, trans. by Christian Lenhardt and Shierry Weber Nicholsen, Cambridge, Mass : MIT Press, 1990.

14.──*Postmetaphysical Thinking*, trans. by Willam Mark Hohengarten, Cambridge, Mass：MIT Press, 1992a.

15.——*Autonomy & Solidarity：Interviews with Jürgen Habermas*, ed. by Peter Dews, London：Verso, 1992b.

16.——*Justification and Application：Remarks on Discourse Ethics*, trans. by Cian P. Cronin, Cambridge, Mass：MIT Press, 1993.

17.——*The Past as Future, trans. by Max Pensky*, Lincoln：University of Nebraska Press, 1994.

18.——*Between Facts and Norms: Contributions to a Discourse Theory of Law and Democracy* trans. by Willam Rehg., Cambridge, Polity Press, 1996.

哈伯瑪斯 　　　　　　　　當代大師系列 11

著　　　者／曾慶豹
編輯委員／李英明、孟樊、陳學明、龍協濤、楊大春
出 版 者／生智文化事業有限公司
發 行 人／林新倫
總 編 輯／孟樊
登 記 證／局版北市業字第 677 號
地　　　址／台北市文山區溪洲街 67 號地下樓
電　　　話／(02)2366-0309　2366-0313
傳　　　真／(02)2366-0310
E - m a i l ／ufx0309@ms13.hinet.net
印　　　刷／科樂印刷事業股份有限公司
法律顧問／北辰著作權事務所　蕭雄淋律師
初版二刷／1999 年 3 月
定　　　價／新台幣 200 元
郵政劃撥／14534976
I S B N　／957-8637-52-7

北區總經銷／揚智文化事業股份有限公司
地　　　址／台北市新生南路三段 88 號 5 樓之 6
電　　　話／(02)2366-0309　2366-0313
傳　　　真／(02)2366-0310
南區總經銷／昱泓圖書有限公司
地　　　址／嘉義市通化四街 45 號
電　　　話／(05)231-1949　231-1572
傳　　　真／(05)231-1002

國家圖書館出版品預行編目資料

哈伯瑪斯=Jürgen Habermas / 曾慶豹著
--初版--臺北市;生智,1998[民 87]
面;公分　--(當代大師系列;11)
參考書目;面
ISBN:957-8637-52-7(平裝)

1.哈伯瑪斯(Habermas, Jürgen,1929-　　)
　學術思想　-　哲學

　　147.79　　　　　　　　86015885